Egon M. Binder

Alte Fuhrmannsherrlichkeiten

Eing'spannt mit Pferden
Ochsen und Einspannkühen

Die Helma kam in Rindfirale gar,
daß sie wird heute sechzig Jahr!
Viel Glück, Gesundheit und a Freid,
dö's wünschen Dir die „Waidlerleit!"

Herzlichst

Willi u. Anette

- Seiten 34 u. 110 findest Du unsere „Brennen" -

Egon M. Binder

Alte Fuhrmannsherrlichkeiten

Eing'spannt mit Pferden,
Ochsen und Einspannkühen

Neue Presse Verlags-GmbH, Passau

Dank

Bei der Sammlung historischer Aufnahmen zum Thema »Alte Fuhrmannsherrlich-keiten« und »Fuhrwerken in alten Zeiten« öffneten viele Leser der »Passauer Neuen Presse« ihre Familienalben, um ihre fotografischen Schätze reproduzieren zu lassen und so der Nachwelt gedruckt zu erhalten. Sie alle hier namentlich aufzuzählen, wür-de den Rahmen sprengen. Besonders behilflich waren bei der Zusammenstellung die-ses Buches dem Autor die Archive folgender Fotografen und Sammler von alten Fo-tos wie Behörden: die Fotografin Gertrud Dilling vom Landratsamt Rottal-Inn in Pfarr-kirchen, Dipl.-Finanzwirt Peter J. Doll aus Griesbach, Hans Eigner aus Passau, Walther Zeitler aus Regensburg, Ludwig Schober aus St. Oswald, Karl-Heinz Paulus aus Fal-kenbach bei Freyung, Helmut Döringer aus Oberkreuzberg, Wilhelm Wiedemann aus Grafenau, Elisabeth Krämer aus Kötzting, Wolfgang Bäuml vom Waldgeschichtlichen Museum in St. Oswald und die Brauerei J. B. Falter in Regen. Ihnen gilt der beson-dere Dank für ihre Mithilfe bei der Entstehung dieses Buches, das all der Freude und Mühe der Vorfahren, denen Pferd, Ochs und Einspannkuh ein Lebtag lang Begleiter in ihrem Arbeitsleben waren, ein Denkmal setzen will.

Unser Titelbild zeigt den Fuhrmann Petern-Girgl aus Oberhüttensölden bei Grafenau.

ISBN 3-924484-64-3
1. Auflage
© 1994 by Neue Presse Verlags-GmbH, Passau
Gesamtherstellung: Neue Presse Druckservice GmbH, Passau

Inhalt

Vorwort

Dieses Buch will ein altes Kapitel Landleben fotografisch wie eine Legende neu aufschlagen: die alte Fuhrmannsherrlichkeit. Doch damit soll nicht nur dem stolzen Bauernstand mit seinem Landauer und Gäuwagerl, den traditionsreichen wie festlichen Umzügen mit Pferd und Wagen, dem Kammerwagenfahren und dem Bauernjahr von der Aussaat bis zur Ernte ein Denkmal gesetzt, sondern auch all die Müh' und Plag' aus dem Dunkel der Erinnerung geholt werden, die bis in die Nachkriegszeit herein Mensch und Tier zu Partnern machten.

Nur so war es jahrein und jahraus möglich, das harte Tagewerk zu bewerkstelligen. Dazu gehörten die Bräu-, Sägewerks- wie Roß- und Ochsenknechte genauso wie der Häuslerbub, der auf bergiger Flur auf sich und sein Kuhgespann angewiesen war.

Wie sehr der Mensch eigentlich mit seinem lieben Vieh verbunden war, zeigte mir eine Aktion, die ich zum »Bauernjahr« des Fremdenverkehrsverbandes Ostbayern für den Lokalteil der Passauer Neuen Presse unter dem Motto »Alte Fuhrmannsherrlichkeit« startete. Das Echo der Leser darauf war erstaunlich groß:

Bauersleut' wie ehemalige Mägde und Knechte, die in ihrer Jugend auf Bauernhöfen, bei Brauereien, in Mühlen und Sägewerken dienten, brachten ihre Fotoalben zur Einsicht. Und ganz gleich aus welcher Gegend sie kamen, das Hauptmotiv ihrer vergilbten Fotosammlungen war stets der Mensch in Verbindung mit den Zugtieren, die immer mit aufs Foto mußten, um so den Besitzerstolz ein bißchen »heraushängen« zu lassen. Dabei war es gleichgültig, ob ihnen oder den Bauern das liebe Vieh gehörte.

Das konnte bei einem begüterten Bauern ein vierspänniges Gefährt sein, bei dem anderen wieder das Ackern mit gleich vier Ochsen

7

gleichzeitig, beim Häusler die gut herausgefütterten Einspannkühe – und wer nicht mal eine Kuh als sein eigen nennen konnte, der ließ sich einfach mit seinen Ziegen ablichten. Freilich waren letztere nur in höchst bescheidenem Maße als Zugtiere zu gebrauchen.

Dieses Buch soll vielen Menschen zu einer lieben Erinnerung werden, auch wenn die einst so mühselige Arbeit die vergangenen Jahrzehnte zu romantisieren vermochten. Der dies schreibt, der weiß darum, wie hart das Leben war, als man sich noch nicht morgens auf den Traktor sitzen, den Anlasser umdrehen und losfahren konnte ohne langwieriges Füttern, Ausmisten und Einspannen, Peitschenknall und »Hü« und »Hot«.

Mein Großvater war hauptberuflich Schreinermeister und meine Eltern besaßen eine kleine Landwirtschaft. Bei uns im Dorf selbst war das soziale Gefälle von Bauern mit Pferden, Kleinbauern mit Ochsen und Häuslern mit Einspannkühen gut zu beobachten.

Wie schwer ließ sich da oft fuhrwerken, wenn die Schwüle des Tages ein herannahendes Gewitter ankündigte, die Steigungen für die eingeschirrten »PS« zu steil oder die Wege zu abschüssig waren! Nicht selten kam es vor, daß Fuhrwerke umstürzten, Pferde durchgingen und Menschen dabei an Leib und Leben zu Schaden kamen. Viele Marterl zeugen noch heute davon.

Die Pferde waren es, die die Menschen auf dem Lande buchstäblich von der Wiege bis zur Bahre begleiteten. Denn schon zur Tauf' wurden die Pferde geschirrt. Auch die Hochzeitskutsche wurde von Pferden gezogen, und nicht zuletzt waren es zumeist wegen ihrer Farbe die Rappen, die dann den Leichenwagen zogen.

Doch ganz gleich, wo's hinging, alle Wege begannen mit dem »Hü!« des Fuhrmanns. Nicht verwunderlich war es, daß der oft karge Wortschatz eines Roßknechts tagelang oft nur vier Worte kannte: »Hü!«, »Wister« (für links), »Hot« (rechts) und »Brrr« oder »Ehaa« zum Halten – was auch die alten Fuhrmannslieder beschreiben.

Und so kann ich all jenen Lesern, besser gesagt Beschauern dieses Buches nur ein freudiges »Hü!« beim Betrachten dieser Bilder zur Reise zurück in die eigene Vergangenheit oder die ihrer Väter und Großväter zurufen.

Zum Beginn des zweiten »Bauernjahres« des Ostbayerischen Fremdenverkehrsverbandes hat das Museumsdorf Bayerischer Wald am Dreiburgensee in einer Dauerausstellung zum Thema »Fuhrwerken in alter Zeit« vielen der im Buch veröffentlichten Bilder eine Heimat gegeben – das inmitten alter Gehöfte und einer Vielzahl von Exponaten aus der guten alten Zeit.

Egon M. Binder

»Aber i schrei hü!« – mit Pferd und Gespann

*»Mit dem Roß und Pferde –
Gott gelobet werde«*

Richard Billinger

Kein anderes »Haustier« war in Altbayern seit alters her so schicksalhaft mit dem Menschen verbunden wie das Pferd, das landläufig auch als Roß betitelt wird. Roß und Rösser schufen Ansehen. Wer Rösser als sein Eigentum nennen konnte, hatte es zu etwas gebracht und war damit ein »gemachter« wie angesehener Mann. Denn ob er als stolzer Reiter sein Pferd gesattelt hatte, ob er es selbst anspannte oder anspannen ließ – allemal wurde er von all denen, die nur Ochsen oder Einspannkühe im Stall hatten, bewundert wie beneidet.

Es war sozusagen ein sozialer Aufstieg, wenn sich jemand ein Pferd leisten konnte, denn das hatte allemal seinen Preis. Das bereits in Zeiten von Karl dem Großen (768–814), in denen Reiter, Pferd und Rüstung einen Gegenwert von 45 Kühen hatten, das Pferd allein den Preis von zehn Kühen aufwog.

»Die Naturkräfte des Pferdes, seine Kühnheit und Stärke, seine Gelehrigkeit und Dienstfertigkeit, sein gutes Gedächtnis, sein körperlicher Bau und stolzes Ansehen und seine Zuneigung zum Menschen machen es zum vorzüglichsten unter allen Tieren, die der Mensch gezähmt hat«, so beschrieb vor 200 Jahren ein Reiter sein geliebtes Tier.

Noch heute wird gerne das Wort vom »guten Zugpferd« in der Wirtschaft gebraucht, wenn es darum geht, den Erfolg des einzelnen für eine ganz Gruppe zu symbolisieren oder einen Verkaufsschlager herauszustellen. Ja, das Pferd zählte einst zum wertvollsten Besitz eines Fuhrmanns, Bauern, Bräus, eines Sägewerks- wie Mühlenbesitzers, Metzgermeisters und Gastwirts, ganz zu schweigen von Gutsbesitzern oder selbst einem Arzt, der sich ja in Zeiten vor dem Zweiten Weltkrieg nur selten eines Autos bedienen konnte.

Pferde galten als Prestigeobjekt schlechthin, war ja deren Haltung nur Bauern, Halb- und Viertelgutslandwirten erlaubt, also an einen gewissen Grundbesitz gebunden. Wenn sich auch der in Altbayern vielzitierte Ausspruch »Weibersterb'n ist kein Verderben, aber Roßverrecken, dös tut den Bauern schreck'n« erhalten hat, so wirft dieses wahrhaft böse Urteil Licht auf jene Zeiten, in denen der Verlust eines Pferdes mit eines der größten Unglücke war, die einen Bauern hatten treffen können, da es ja keine Versicherung gab, die ihm den Wert des Pferdes ersetzt hätte. Die sichere Wiederverheiratung brachte ihm jedoch stets neues Kapital als Heiratsgut mit auf den Hof: Bargeld, eine weitere Kuh und eine ansehnliche Aussteuer.

Das Pferdegespann als schlechthin der »Motor« jeglichen Transports war unverzichtbar. Eine Ausstellung zum Thema »Bäuerliches Leben auf alten Postkarten« im Freilichtmuseum an der Glentleiten räumte gerade auch diesem Thema einen großen Rahmen ein. Denn: »Das bäuerliche Fuhrwesen hat zu jeder Zeit eine wichtige Rolle in der Landwirtschaft gespielt. Die Entfernung der Felder und Wiesen vom Hof haben Wagen und Schlitten für den innerbetrieblichen Einsatz unentbehrlich gemacht. Als Beispiel seien das Ausführen von Mist auf Feld und Wiese, das Einholen der Ernte, aber auch der Holztransport zum Hof oder die Lieferung von Getreide zur Mühle genannt. Auch mußte für den Absatz der landwirtschaftlichen Erzeugnisse die Verbindung zu Markt und Stadt hergestellt werden.

Der Wagen mit seinen eisenbereiften Holzrädern war auf den früheren, unbefestigten und im Sommer oft aufgeweichten Wegen für schwere Transporte schlecht geeignet. Deshalb beförderte man besonders große Lasten lieber im Winter, wenn der Boden gefroren war, mit dem Schlitten. Erst die Einführung des gummibereiften Rades hat zu einer Verlagerung der Haupttransportzeit vor allem für die Holzverbringung aus dem Walde geführt.«

Doch mit der Einführung der gummibereiften Wägen begann auch der Niedergang des Pferdes als des Bauern Stolz und damit der Abschied von der alten Fuhrmannsherrlichkeit. Zu Beginn der sechziger Jahre verringerte sich der Pferdebestand in ganz Bayern geradezu drastisch um 62 Prozent. Und von da an veränderten sich dann auch die Ortsbilder gewaltig. Im niederbayerischen Rottal traf in der Blütezeit der Pferdezucht, so um 1930, beinahe auf fünf Einwohner durchschnittlich ein Roß. So gab es in den früheren Landkreisen Griesbach und Pfarrkirchen zusammen über 15 000 Pferde. Das bedeutete, daß auf gutgeführten Höfen an die 30 Pferde (Fohlen, Stuten und Jährlinge miteingerechnet) standen.

Nach dem Krieg, vor allem zu Beginn der sechziger Jahre, mußten also in erster Linie betagte Rösser, denen das Gnadenbrot auf dem Hof nicht vergönnt war, einen letzten Gang zum Pferdemetzger antreten, die jedoch größtenteils außer den Landesgrenzen in Frankreich und Italien diese begehrte Ware aufnahmen, gilt doch auch heute noch in Deutschland Pferdefleisch als wenig gefragt – mit Ausnahme der Roßwurst, die auf keinem Jahrmarkt fehlt.

Warum hierzulande das Pferdefleisch verschmäht wird und als unrein gilt, obwohl es

Ein »Stilleben«, wie es sich einst landauf und landab zeigte: das Ährenfeld mit Pferd.

eines der reinlichsten Tiere ist, darüber gibt es viele Deutungen. Einer der Gründe wird sein, daß in heidnischen Vorzeiten das Pferd bei Göttern, denen es geopfert wurde, und Menschen zwar eine Leibspeise war, die christlichen Glaubensverbreiter aber diesem heidnischen Kult den Garaus machten. Der hl. Bonifatius wollte zwar seinen bekehrten Christen das Pferdefleisch weiterhin gönnen, doch Papst Gregor III. pfiff ihn im Jahre 741 gewaltig zurück, als er ihm mitteilen ließ: »Du hast erlaubt, das Fleisch von wilden Pferden zu essen, sogar auch das von zahmen Pferden. Von nun an, heiligster Bruder, gestatte dies auf keine Weise mehr.«

Dennoch aber opferten die bekehrten Heiden noch bis ins 9. Jahrhundert ihren alten Göttern Pferde und werden sich auch selbst Pferdefleisch gegönnt haben.

Zurück aber wieder ins 20. Jahrhundert: Zwar nicht das Seelenheil, sondern Gesundung erhoffen sich auch heute noch Leute, die von Rheuma geplagt sind. Pferdemetzger bieten hierfür Pferdefett zum Einreiben an, das auf alle Fälle Linderung bringen soll.

Doch so ganz vermochten die oft 100 PS starken Traktoren das Pferd auch in der Nachkriegszeit nicht von Haus und Hof zu verdrängen, denn geblieben war nicht nur bei den Landbewohnern, sondern auch bei den Städtern die Liebe zum Pferd als Reittier und zum

Pferdefett

altes Hausmittel zum einreiben gegen

Ischias, Rheuma u. Gelenkschmerzen

250g Becher 45,00M

Auch heutzutage von Pferdemetzgern auf den Jahrmärkten angeboten: heilsames Pferdefett.

Kutschieren. Und dieser in den siebziger Jahren einsetzende Trend hielt schließlich an.

Wurden in Oberbayern 1982 insgesamt 4 922 Pferdehalter mit 20 384 Pferden gezählt, waren es zehn Jahre später bereits 5 886 Pferdehalter mit 30 599 Pferden.

Ähnlich die Situation in Niederbayern, wo 1982 bei 2 855 Pferdehaltern 7 919 Pferde im Stall standen, 1992 dagegen bereits 3181 Pferdehalter sich über 11 025 Pferde stolz zeigten.

In der Oberpfalz wurden bei der Viehzählung 1992 1906 Pferdehalter (7542 Pferde) und zehn Jahre zuvor 1525 Pferdehalter mit 4377 Pferden gezählt.

Mit dem Wunsch nach Pferden für den Freizeitsport erlebte auch die Pferdezucht in vielen Orten Bayerns eine Wiedergeburt. Und die hat gerade in Niederbayern eine überaus traditionsreiche Geschichte. So wurde bereits vor der Jahrtausendwende in Niederbayern der »Rottaler Fuchs« gezüchtet, der in Zeiten der Kreuzzüge die gewichtigen Rittersleut', die samt Kampfausrüstung immerhin an die 200 Kilogramm wogen, hinab ins Heilige Land trug. Bis zum Jahre 1594, so eine amtliche Viehzählung, war die Zahl der Pferde im Fürstbistum Bayern auf 318 000 angewachsen. In den folgenden dreihundert Jahren sollte sich dieser Bestand nicht viel erhöhen, denn im Januar 1883 wurden in ganz Bayern nicht mehr als 356 316 Pferde registriert.

Wenn auch zu mittelalterlichen Zeiten das spanische Pferd als das von seiner Rasse her als das begehrteste galt, drängten auch Pferdehändler aus Neapel, Mecklenburg, Frankreich, Oldenburg und Ungarn auf Deutschlands Pferdemärkte. Die Preußen machten zu Beginn des 18. Jahrhunderts mit der Zucht von Trakehnern die Pferdefreunde auf sich aufmerksam.

In Ostbayern züchtete man jedoch Pferde so recht nach eigenem Bedarf und mußte sich dafür folgende Beurteilungen gefallen lassen (1764): »Man kann unsere Pferde von anderen Landesarten fast an nichts als an ihren Fehlern unterscheiden. Deswegen werden sie auch aus Verachtung ›Bauern‹ genannt. Sie haben große Köpfe, sind vorn niedrig, haben rauhe Knochen und meistens lange Fesseln. Doch zu den dänischen Pferden wie auch von anderen ausländischen Pferden muß gesagt werden, daß sie in unseren Landen nicht so dauerhaft sind als die Pferde, welche in unserem Land aufgezogen werden.«

Wie mühsam sich die Pferdezucht in Altbayern entwickelte, läßt sich auch an einem Ausspruch eines bayerischen Oberstallmeisters messen, der bei seinem Ausscheiden zu Beginn des 20. Jahrhunderts feststellte: »Hier war nichts, hier ist nichts und hier wird nichts sein.« Zu dieser Zeit wurde in Oberbayern vermehrt die Zucht des veredelten starken Wagenschla-

Pferde waren stets schmückenswerte Begleiter des Menschen, ganz gleich, ob sie zum Hochzeits- oder Leichenzug, zur Maidult oder zum Oktoberfest eingespannt wurden, wo ihnen sogar feingehäkelte »Ohrlapperl« aufgesetzt wurden.

ges, des mittelschweren Oberländers und des schweren Pinzgauers betrieben, während man in Niederbayern am mäßig veredelten landwirtschaftlichen Arbeitspferd festhielt. Im unteren Rottal wurde das gängige Kutschpferd, der Rottaler, im Donautal ein edel gezogenes Reit- und Wagenpferd gezüchtet. Nördlich der

Donau fanden sich auch böhmische Stuten zur Zucht, dagegen wenige nordische und belgische Zuchtprodukte.

Der Preis für ein Fohlen lag damals zwischen 100 und 400 Mark, der eines ausgewachsenen Pferdes bei 500 bis 600 Mark, ein Preis, der auch vierzig Jahre später noch seine Gültigkeit haben sollte.

Ein ganz anderes, höchst trauriges Kapitel zog sich vom Beginn der Heerzüge bis zum Zweiten Weltkrieg durch die Welt der Pferde, die als Schlachtrösser und bei der Kavallerie zu dienen hatten und dabei ihr schlimmstes Los erleiden mußten. Da wurden auch die Pferde von Lanzen durchbohrt, und das die Reiter begleitende Fußvolk setzte alles daran, den angreifenden Pferden mit dem Schwert die Vorderbeine zu verletzen. Die Grausamkeiten steigerten sich schließlich, als Gewehre und Kanonen, Kampfflieger und Bomben ganze Regimenter aufrieben und die Schlachtfelder mit toten Pferdeleibern übersäten.

Doch schlagen wir dieses traurige Kapitel Pferdegeschichte auch gleich wieder zu, um uns den Fuhrleuten zuzuwenden, deren Herrlichkeit nicht im Verdienst, sondern vielmehr in der Liebe zu ihren Pferden zu suchen ist. Der Verdienst eines Pferde- oder Ersten Knechtes auf einem Bauernhof war in der Mitte des 19. Jahrhunderts genauso bescheiden wie etwa bis in die Zeiten vor und nach dem Zweiten Weltkrieg. Um das Jahr 1850 verdiente ein Pferdeknecht im Monat (die Zuwendung an Naturalien wie Hemden, Schuhe nebst Schuhschmiere miteingerechnet) runde 50 Mark, obwohl er vor allem zu Erntezeiten nicht selten einen 16-Stunden-Tag zu bewältigen hatte, der um 4 Uhr früh mit dem Stallausmisten

Auch zum schönsten Tag im Leben, zur Hochzeit, wurden die Pferde eingeschirrt; aufgenommen 1952 in Grafenau.

und Pferdefüttern begann. Hätte er seinen gesamten Lohn gespart, so hätte es acht Jahre gedauert, bis er sich selbst ein eigenes Pferd hätte leisten können.

Die Hoch-Zeiten für ihn waren aber mit dem Brauchtumsjahr geregelt. Denn immer dann, wenn gefeiert wurde, war er mit seinen saubergestriegelten Pferden dabei, konnte sich da und dort einen Kreuzer oder ein paar Halbe Bier hinzuverdienen. Ein Hochzeitspaar oder

15

einen Primizianten zu fahren, einem Kleinbauern oder Häusler bei einem schweren Gefährt auszuhelfen oder nicht zuletzt bei Begräbnissen den Leichenwagen anzuspannen, das war nur ihm, dem Fuhrmann, vorbehalten.

Nicht nur auf dem Bauernhof waren bis nach dem Zweiten Weltkrieg kraftstrotzende Burschen gefragt, die mit Pferd und Gespann umgehen konnten, sondern auch die meisten Handels- und Gewerbetreibenden mußten Rösser im Stall haben, um ihre Waren an den Mann zu bringen oder dann an Sonn- und Feiertagen das Gäuwagerl oder die Kutsche einspannen zu können, ganz zu schweigen natürlich von der postalischen Beförderung, für die man in möglichst kurzen Abständen Anlaufstationen, wo auch die Pferde getränkt und gefüttert werden konnten, brauchte.

Wer viel unterwegs war, der konnte natürlich viel mehr erleben als der, der immer in Markt und Dorf »gefangen« war. Fuhrleute waren daher begehrte Erzähler und Gesellschafter, die damals gleich einer Zeitung die neuesten Nachrichten von einer Stadt zur anderen brachten. Sicherlich war der Umgang mit Pferd, Wagen und Schlitten auf unsicheren Straßen und Brücken bereits damals vor vielfältigen »Verkehrsgefahren« nicht gefeit. Davon erzählen Marterl wie Grabkreuze.

Hier ein paar den verunglückten Fuhrleuten zugedachte Marterlsprüche:

Der Weg in die Ewigkeit
Ist doch gar nicht weit,
Um 7 Uhr fuhr er fort,
Um 8 Uhr war er dort.
(gemeint in der Ewigkeit).

*

Hier liegt Elias Gfahr,
Gestorben im sechzigsten Jahr,
Kaum hat er das Licht der Welt erblickt,
Hat ihn ein Wagenrad erdrückt.

*

Allhier an diesem Ort
Da kam ich nicht mehr fort,
Ich wollte fahren nach Haus
Da ist mein Leben aus.
O Mensch sei fromm und wohlbereit
Leb nicht in falscher Sicherheit
Die Todesstunde kömmt ungewiß herein
Es könnt' noch heut' die
letzte sein.

Ein beliebtes Motiv auf Nasenschildern an Wirtshäusern: ein mehrspännig gefahrener Bräuwagen.

Mit dem auf einst schlechten, heute guten Straßen immer mehr gesteigerten Tempo der Verkehrsmittel machten sich auch die Menschen in Altbayern dazu auf, den Weg von der einst vielgepriesenen barocken Gemütlichkeit in hektischere Zeiten zu beschreiten, in denen keiner mehr Zeit für den andern findet. Ein Pferdegespann schaffte einst eine Reiselei-stung von sieben bis acht Kilometern pro Stunde im Schritt und leichten Trab.

Doch nach zwei, drei Stunden wurde ja da und dort wieder eine Verschnaufpause eingelegt, die den Pferden wie den Reisenden meist in gutgeführten Landgasthöfen guttat und sich in höchst geselliger Atmosphäre abspielte.

Festliche Ausfahrt mit bayerischen Warmblutpferden und einem Kutschierwagerl bedeutete das Sonntagserlebnis schlechthin.

17

Das Höchstmaß an Tagesleistung einer Reise mit Pferd und Kutsche, mußten keine schwierigen Bergstrecken bewältigt werden, lag so zwischen 40 und 50 zurückgelegten Kilometern. Heute kann man mit dem Flugzeug in einem Tag nicht nur mehrere Länder überqueren, sondern Erdteile. Dennoch aber konnten weder Autos, Eisenbahn noch Flugzeuge das Pferd aus Altbayern verdrängen, denn die Liebe zum Roß und Fuhrwerk hat im weißblauen Freistaat Kriege und Zeiten überdauert.

Eine Reise ins Ungewisse traten diese Männer bei Mobilmachung im Jahre 1914 an, als sie von Fürholz (bei Grainet) aus zum Bahnhof nach Waldkirchen fuhren, um von dort aus in den Krieg zu ziehen.

Mit prächtigen Pferden durch Jahr und Zeit

Wenn in Bayern Feste gefeiert werden, die für die gesamte Öffentlichkeit ausgerichtet werden, dürfen Pferd und Gespann nicht fehlen. Altbayerns Festkalender ist geradezu voll von Ereignissen, die in erster Linie dem Pferd, Pferdeumzügen und Veranstaltungen, bei denen man einfach ohne Pferd und Gespann nicht auskommt, gelten.

Geht man nach dem alten Kirchenjahr vor, das mit dem Advent beginnt, so erinnert bereits vorher der hl. Martin beim Martinsumzug in Stadt und Land vor allem Kindergarten- wie Grundschulkinder daran, daß es einst der fromme Reitersmann Sankt Martin war, der mit einem Armen ritterlich seinen Rock teilte.

Auch Sankt Nikolaus kommt da wie dort allemal noch mit dem von Pferden gezogenen Schlitten in die Märkte und Dörfer angereist, um die Kleinen zu bescheren.

Im alten Böhmerwald wie auch im grenznahen Bayerischen Wald bediente sich selbst das Christkindl eines »Goldenen Rößls«, das am Hl. Abend in die abgelegenen Walddörfer gekommen ist, um den wartenden Kindern kleine Geschenke zu präsentieren. Und damit das »Goldene Rößl« ja keine Einöde vergaß, streuten die Kleinen schon vor Einbruch der Dunkelheit weit vor ihren mit Schindeln bedeckten Häusern Heu und Heusamen auf die verschneiten Straßen, um diesem so lang ersehnten Gabenbringer den Weg finden zu lassen.

Der Kindertraum vom »Goldenen Rößl« ist jedoch heutzutage längst vergessen wie auch die Tatsache, daß noch bis vor dem Zweiten Weltkrieg die Hl. Drei Könige am Tag vor dem 6. Januar nicht zu Fuß durch den Schnee stapften, aber auch nicht mit Kamelen einhergeritten kamen, sondern eben hoch zu Pferde, um so ihre königliche Würde um so mehr herauszustreichen.

Heutzutage sind es mehr die Feriengäste, die zu winterlichen Zeiten Pferde und Schlitten in Beschlag nehmen, um sich so wie – in Filmen verklärt dargestellt – Bayerns Märchenkönig Ludwig II. durch den verschneiten Tann ziehen zu lassen.

Sportlicher geht's aber bei den neuerlich von Reitsportvereinen landauf und landab ins Leben gerufenen Schlittenrennen zu, bei denen

19

die den Winter über so lange Wochen im Stall stehenden Pferde so richtig Dampf ablassen können.

So werden, um nur zwei Beispiele von vielen zu nennen, in Buchet bei Deggendorf und in der Nationalparkgemeinde Neuschönau Pferdeschlitten-Rennen veranstaltet, bei denen ein gut 500 Meter langer Parcours von Haflingern, Vollblütern wie von Trabern durchlaufen wird. Die Tausende von Zuschauern erleben dabei spannende Szenen, die ein bißchen an die römischen Pferderennen aus dem Film »Ben Hur« erinnern.

Wenn auch die Osterhofener Pferdemärkte auf den Roßmarkt am Palmsonntag zusammengeschrumpft sind, zu dem heutzutage rund hundert Rösser aufgetrieben werden, so soll doch daran erinnert werden, daß dort einst die ganze Fastenzeit hindurch das Pferd im Mittelpunkt des Marktgeschehens stand.

Doch blättern wir hierzu ein wenig in der »Osterhofener Zeitung«: »Nach den närrischen Tagen der Faschingszeit stand Osterhofen ganz im Zeichen der Fasten-Pferdemärkte, die weitum bekannt waren, ähnlich wie der Vilshofener Ochsenmarkt. Zum Auftakt des jeweils ersten Pferde- und Fohlenmarktes war im Moser-Saal eine Veranstaltung angesetzt, bei der die Themen ›Pferdezucht‹ oder ›Der Tierarzt und der Bauer‹ behandelt wurden.

Vor dem Zweiten Weltkrieg wurde vor Beginn der Feldarbeit, also in der Fastenzeit, landauf und landab zu großen Pferdemärkten eingeladen.

Die Fasten-Pferdemärkte begannen jeweils um 12 Uhr. Damit hatten auch die von weither gekommenen Bauern und Pferdehändler die Möglichkeit, rechtzeitig in Osterhofen zu sein. Hundert und mehr Pferde auf dem Stadtplatz waren keine Seltenheit, der Montag war damals ein echter Bauernfeiertag, zumal schon vormittags der Ferkel- und der Obst- und Gemüsemarkt stattfanden.

Für die Landbevölkerung, die Bauern und das Gesinde, waren die Fasten-Pferdemärkte auch ein beliebter Treffpunkt. Man sah sich nicht nur wegen der Pferde um, für die Burschen und

Mädchen bot dies auch eine willkommene Gelegenheit, auf Brautschau zu gehen.

In den Gaststätten herrschte Hochbetrieb. Zu jedem Wirtshaus gehörte auch eine Stallung, in der Gast-Pferde jeweils schon am Vortag des Marktes oder auch dann noch untergestellt wurden, wenn es am Markttag ›etwas später‹ geworden war, so daß erst am nächsten Tag die Heimfahrt angetreten werden konnte.

Auch die Schmiedemeister in der Stadt hatten alle Hände voll zu tun, wenn auf vereisten Straßen die Pferde als wichtigstes Zugmittel sicher vorankommen wollten. Es wurde gewachselt, der Schmied schraubte im Hof Stollen ein, so wie man später die Autoreifen mit Spikes ausrüstete.

Am besten besucht waren in Osterhofen der dritte und der vierte Fasten-Pferdemarkt. Es ist dabei auch vorgekommen, daß die Osterhofener Bauern, wenn sie merkten, daß sie den Markt in ihrem Sinne beeinflussen konnten, die Pferde aus dem eigenen Stall zum Markt brachten, jedoch einen so hohen Preis verlangten, daß diese Pferde unverkäuflich waren. Jedenfalls bot die Stadt an den Tagen der in der Regel auf vier beschränkten Fasten-Pferdemärkte ein buntes Bild. Überall rührte sich etwas, auf dem Stadtplatz, in den Geschäften und in den Gasthäusern.

Nach dem Zweiten Weltkrieg gab es Ende der 40er und Anfang der 50er Jahre noch Fasten-Pferdemärkte, doch setzte dann die Motorisierung in der Landwirtschaft einen endgültigen Schlußpunkt. Der technische Fortschritt hatte das Pferd als treues und zuverlässiges Arbeits- und Zugtier überflüssig gemacht, bis dann in späteren Jahren das Pferd im Rahmen des Freizeit- und des Turniersports einen neuen Stellenwert erhielt.«

Doch ist der Winter vorbei, wollen die stolzen Pferde auch jetzt noch den Augen von Tausenden von Pferdefreunden mit blinkendem Geschirr, sauber aufgeputzt und teils mit Blumen geschmückt, präsentiert werden. Eine erste Gelegenheit bietet sich dazu seit dem Jahre 1957 beim Osterritt in Regen, zu dem alle Jahre über 200 Pferde zur Pferdesegnung angeritten kommen. Aufbruchstimmung ist da zu spüren; mit dem Frühling beginnt ein neues Pferdejahr.

Allerhand los ist im Mai auch in Berching in der Oberpfalz, wenn das alte bäuerliche Handwerk auflebt und an die 40 Pferdegespanne den Roßtag bestimmen.

Der Kötztinger Pfingstritt gilt aber als einer der prächtigsten Umzüge hoch zu Roß im ganzen Lande. An die 400 Wallfahrer sind es alljährlich, die am Vormittag des Pfingstmontags von der Kötztinger Pfarrkirche aus hinaus in Richtung Steinbühl zur Nikolauskirche ziehen. Selbst der Herr Pfarrer und die Ministranten reiten dabei mit.

Glanzvoll herausgeputzt und geschmückt werden die Pferde zum Regener Osterritt, zu dem seit 1957 alljährlich an die 200 Reiter zur Pferdesegnung kommen.

Dieser Umritt geht zurück auf eine Legende, die von einem Kötztinger Pfarrherrn erzählt, der im frühen 15. Jahrhundert zur nächtlichen Stunde zu einem sterbenden Bauern nach Steinbühl, einem kleinen Vorort von Kötzting, der von einem schmucken Kirchlein gekrönt wird, gerufen wurde und dabei von heidnischen Straßenräubern überfallen worden war.

In dieser argen Bedrängnis habe der Geistliche, so erzählt die Legende, versprochen, als Dank für die Errettung aus den Händen der Unholde alljährlich eine Wallfahrt nach Steinbühl zu unternehmen. Heimatforscher haben die Entstehung des Kötztinger Pfingstrittes auf das Jahr 1412 datiert.

Die ganze Schönheit und Muskelkraft von Pferden ist alljährlich dann wiederum auch beim Pichelsteiner Fest in Regen geboten, denn auch die Waldler sind stolz auf ihren Zehner-Zug, den die Gebrüder Johann und Sepp Falter auf die Beine stellten, gilt es doch damit ihrer im Jahre 1648 gegründeten Brauerei ein besonderes Aushängeschild zu verleihen. Selbst beim Festzug zum Münchner Oktoberfest ist dieses imponierende Gefährt, das immerhin eine Zuglänge von 25 Metern aufweist, mit dabei.

Im Gegensatz zum Rottaler Zehnerzug, der seine ganze Pracht beim traditionsreichen Karpfhamer Fest in Karpfham Ende August entfaltet und mit braunen Warmblutpferden ausgestattet ist, haben die Waldler zehn Rappen eingespannt, der eine wie der andere rund 20 Zentner schwer.

Doch von Jahr zu Jahr mehren sich die Pferdefeste. Sehenswert im Juli vor allem der Festzug beim Zwieseler Grenzlandfest, wenn sich an die 40 prächtige Bräuwagen ein Stelldichein geben. Schwer legen sich da die Bräurosse im Viererzug ins Zeug, um dann beim Bräuwagen-Wettbewerb ja einen guten Platz zu ergattern. Der Untergriesbacher Reit- und Fahrverein

Eine Kirchentür voller Hufeisen ist in der Wallfahrtskirche von Steinbühl zu finden, dem Ziel des alljährlich stattfindenden Kötztinger Pfingstritts.

macht sich den Sommer über neuerdings mit einer 16 Kilometer langen Orientierungsfahrt stark, während in der Säumerstadt Grafenau am ersten Freitag im Juli beim Volksfestaufzug eine ansehnliche Zahl von Reitern und Gespannen zu bewundern ist und dann am ersten Samstag im August die Salzsäumer an den einstmals mühevollen Transport des wertvollen »weißen Goldes« vom Salzburgischen hinüber ins Böhmische erinnern.

Denn: Einmal im Jahr spielen die Grafenauer Geschichte, die Geschichte ihrer traditionsreichen Stadt. Und kein Ereignis wäre dafür besser geeignet, jener Zeiten zu gedenken, als Grafenau durch den Salzhandel auf dem »goldenen« oder auch »guldenen Steigen« zwischen Bayern und Böhmen eine erste wirtschaftliche Blüte erleben durfte.

Wer nicht mit der Geschichte Süddeutschlands vertraut ist, der leitet das Wort »Säumer«, »Saumpfad« oder »Saumhandel« allzugern vom Wortstamm »Saum« ab, der für Rand oder Besatz steht. Doch in diesem Falle handelt es sich um eine andere Bezeichnung für »Last«. Speziell gemeint ist mit dem »Saum« eine Pferdetraglast, und davon leitet sich auch das Wort »säumen« ab als veralteter Begriff für »Saumtier« führen. Die Salzsäumer aber beförderten als schlechthin die Spediteure des Mittelalters nicht nur Salz, sondern auch Getreide, Hopfen, Fett, Branntwein und dergleichen mehr als Handelsgut.

Ist der Sommer vorbei, sind Felder und Wiesen abgeerntet, wird von den Reitsportvereinen »der Fuchs« über die Stoppelfelder gejagt,

wenn die traditionsreichen Fuchsjagden angesagt sind.

Und bevor das Brauchtumsjahr ausklingt, ist ja dann der hl. Leonhard, der Roßheilige, zur Huldigung dran, dem besonderer Dank dann gesagt wird, wenn Roß und Reiter gut übers Jahr gekommen sind.

Mathias Eppendorfer aus Wamberg im Sonntagsstaat – abgelichtet im Jahre 1935.

24

Wenn Arme ineinandergreifen . . .

Es gibt nur wenige Landstriche in Mitteleuropa, denen es vergönnt ist, mit kilometerlangen Alleen gesegnet zu sein. In Böhmen wie Oberösterreich, aber auch noch stellenweise in Bayern gehören die teils nicht dem Bild eines Zahnlosen gleichenden »Straßenbegleiter« noch zur Selbstverständlichkeit der großen Verkehrsadern, die dank ihres Schmucks nicht Feld und Flur durchschneiden, sondern sich eher wie Bilderrahmen in das natürliche Ensemble des Landes einfügen.

Ganz von alleine fällt heute die Nadel des Tachometers, wenn schöne Alleen dazu verleiten, sich an die Geschwindigkeiten früherer Jahre anzupassen. Die letzten romantischen Straßen zeigen sich zu den vier Jahreszeiten in verschiedenen Gewändern. Die Schnellebigkeit der Nachkriegsjahre hat sie noch nicht alle hinweggerafft, die alten Kastanien, die knorrigen Eichen, die Ebereschen und die sich mild zu den Winden aller Jahreszeiten wiegenden Birken.

Im Frühjahr bezaubert das helle Grün der Laubbäume das Land bereits dann, wenn auf den Feldern die erste Saat aufgeht. Im Sommer erfreut man sich am kühlen Schatten und an der Schönheit der fest ineinandergreifenden Baumarme, die ein wenig an die Vermählung der Menschen, an das Eins-Werden erinnern.

Der Schatten der Alleen tut gut. Wie durch einen grünen Tunnel fährt es sich durch ein Land, das scheinbar keine Eile kennt.

Im Herbst, wenn die Früchte der Eberesche rot erglühen, die Blätter gelb, orange und rot entflammen, sind es die Alleenbäume, die die Elegie dieser Jahreszeiten direkt an den Straßenrand herantragen. Und wenn dann die ersten Herbststürme ungestüm an den Altvordern der Baumgenerationen rütteln, fühlt man sich vielleicht an eines der Herbstgedichte von Rainer Maria Rilke erinnert, der darin zum Schluß kommt: »Wer jetzt allein ist, wird es lange bleiben. Wird lesen, lange Briefe schreiben – und unruhig in den Alleen wandern, dann wenn die Blätter treiben.«

Wenn der erste Schnee gefallen ist, wird der Winter in den Alleen zum Meister des Scherenschnitts, der dann wiederum den Straßen ihren festen Zuschnitt gibt und selbst die Asphaltbänder zum Erlebnis des Umfangenseins von Tagen des Gestern werden läßt.

Auf die Frage nach dem Warum dieser Alleen fällt oft die Antwort, daß die Bäume auch deshalb gepflanzt worden sind, daß in jener Jahreszeit, wenn ein Schneesturm das Land zu einem Märchen in Weiß werden läßt, alle Strukturen von Feld und Flur unter dem Meer der Schneeflocken verbirgt, Pferd und Schlitten unbeirrt ihren Weg gefunden haben.

Sicher mag daran etwas Wahres sein. Doch die meisten dieser Alleen sind, so zum Beispiel in Böhmen und Österreich, über zweihundert Jahre alt, als ein Dekret von Kaiserin Maria Theresia die Empfehlung gab, die wichtigsten der Handelsstraßen in ihrem Reich von Bäumen umsäumen zu lassen. Doch dies nicht wegen der besseren Orientierung zu winterlichen Zeiten wegen, sondern daß die Alleebäume vor allem bei heißer Sonne gleich einem Sonnenschirm Pferd und Reiter einen begehrten Schutz schenken sollten, andererseits bei Regen Unterstand gewährten.

Und welche Geschichten könnten sie erzählen, die alten Eichen und Kastanien, Ahornbäume und Birken. Sie haben eilende Handelsreisende begleitet, junge Menschen auf der Reise zu den Flitterwochen beschützt, haben sich ehrfürchtig vor Trauergästen verneigt und auch die Kriegsheere ertragen, Flüchtlingsheeren den Abschied aus ihrer angestammten Heimat nicht leicht gemacht.

Doch all dies haben diese Baumveteranen ertragen wie Sturm und Kälte, die Hitze des Sommers und den Wechsel der Jahreszeiten. Deshalb ist nur zu hoffen, daß auch die zunehmend verheerenden Autoabgase gedrosselt werden und letztendlich nicht tödlicher werden als Kriege und der Wunsch nach Verbreiterung und Begradigung der Straßen. Unter alten Alleen hat sich bislang die Reise von Irgendwo nach Nirgendwo noch ein bißchen Zeit gelassen. Wie lange sind sie noch Wegbegleiter?

Fuhrmannslieder

Zwoa schwarzbraune Rapperl

Mir hamma zwoa schwarzbraune Rapperln,
san ei'g'spannt in an eis'n-g'achst'n Wag'n,
dö laß i schö staad im Schritt trappeln, und laß
ma vo neamad nix sag'n. Und i hab halt mei
Freud af da Straß'n, mei Fuhr af da Straß'n
geht frei und i hab halt mei Freud af da
Straß'n und i laß ma's aa guat geh dabei.

Oft oana, der hat a paar Scheck'n, der ander
hat Ochs'n und Wag'n, dö krabb'ln daher als
wia d'Schneck'n, muaßt allweil mit Prüg'ln
drei'schlag'n. Aba i derf mei Leit'n auslass'n
und laß ma von neamad nix sag'n und i hab
halt mei Freud af da Straß'n, muaß allaweil
rackern und fahr'n.

Und oana tuat si mit da Arbat recht schind'n,
a andra geht liaba spazier'n, der dritte tuat
eppa erfind'n, af leichte Weis' d'Deandln
a'führ'n. Oft oana treibt's üba dö Maß'n, drum
gibt's halt aa allahand Leut, i hab halt mei
Freud af da Straß'n, es gibt ja koa größere
Freud.

(Aufgeschrieben von Paul Friedl,
genannt auch Baumsteftenlenz)

Deand'l, steh auf

Deand'l, steh auf, leg's Kittei a',
d'Fuhrleut san draußt und fuadan scho,
d'Fuhrleut san draußt und fuadan scho.

Dö laß nur steh, es ist no Zeit,
ham krumpe Rösserl und fahr'n net weit, . . .

Deand'l, steh auf, san d'Fuhrleut da,
is oana dabei, der g'freut si scho, . . .

I steh net auf, bis's siebne schlagt
und mi da Vata vom Bett aussajagt, . . .

(Aufgeschrieben von Paul Friedl,
genannt auch Baumsteftenlenz)

Da Fuhrmannssuh'
(Der Fuhrmannssohn)

*Bin i a lustiga Fuhrmannssuh', fahr i scho
lang auf der Straß. Was wird mei Maderl sagn,
was wird mei Maderl sagn, wann i's auf
einmal verlaß? Juchhe! Wann i's auf einmal
verlaß?
Fahr i schö stad übers Bergal auf, schau i an
Tannabaum o. /Bal mi 's Madl nimma mag,/
Fang i zum Juhschreia o, juchhe! Fang i zum
Juhschreia o.
Fahr i schö stad übers Bergal auf, Seh i a
Wirtshaus von fern. /Da muaß a schöne
Kellnerin sei,/ Da muaß ma a no eikehrn,
juchhe! Da muaß ma a no eikehrn.
Hausknecht! spann meine vier Rappal aus!
Kellnerin! schenk ei a Glasl Wei! /Koa Wassa
sauf ma nöt:/ Zwoa Glasal Wei müssens sei,
juchhe! Zwoa Glasal Wei müssens sei.
Hausknecht! spann meine vier Rappal ei!
Kellnerin! trag außa mein Huat! /Mir müaß
ma wieder weidafahrn,/ 's Dablei(b)m tuat
einsmals koa guat, juchhe! 's Dablei(b)m tuat
einsmals koa guat.
Schaut wohl da dick Bräu zum Fenster raus.
Bhüat di Gott! lustiga Bua! /'Kellnerin steht
unter der Tür,/ Wi(n)kat mir vo weitem no
zua, juchhe! Wi(n)kat mir vo weitem no zua.*

*(Niederbayer. Liederbuch von Kurt Huber
Ludwig Simbach)*

Fuhrmannslied

*In da Fruah, wann da Hoh macht an Krahra,
da steck i mei Köpferl auf d'Höh.
I bin halt a Fuhrmo, a schwara,
nimm d'Peitschn in d'Hand und schrei he!
I schrei hi und i schrei ho, ja, i schrei allawei
wistaha ho. I schrei hi und i schrei ho, ja i
schrei allawei wistaha ho.*

*I hab halt zwoa kohlschwarze Rapperln,
sand eigspannt in an vierzöllign Wagn,
i hab halt mei Freud, wanns schö trapperln,
des kann i koan Menschn nit sagn.
I schrei hi und i schrei ho, ja i schrei allawei
wistaha ho.*

*I hab halt a bildsaubers Madl,
is gschnitzt aus an eigana Holz,
sie wascht von mein Wagn die vier Radl,
drum bin i auf sie gar so stolz.
I schrei hi und i schrei ho, ja i schrei allawei
wistaha ho.*

*(Vorgesungen von Sepp Schönhuber und Sepp Poschner in
Schliersee, aufgenommen von Prof. Kurt Huber, München, 1925)*

28

An da böhmisch'n Grenz'

An da böhmisch'n Grenz hat's an Fuhrmann
vo-waht, holla-ria-rei, di-o, holla-ria-rei, di-o,
aba grad g'schiahgt eahm recht, warum fahrt
er so spat,
holla-ria-rei di-o, rei-di-o.

An da böhmisch'n Grenz, wenn de Birnbam
Birn ham, kemman all' Jahr af Mich'eli dö
Scharschleifa zam.
holla-ria-rei di-o, rei-di-o.

An da böhmisch'n Grenz hat's a Wirtshaus
vowaht, hat'n Wirt samt da Schenk üwa
d'Straß' owädraht.
holla-ria-rei di-o, rei-di-o.

(Volksweise)

„Das schönste Wappen in der Welt, das ist der Pflug im Ackerfeld"

(Alter Bauernspruch)

29

Der »bairische Herrgott« St. Leonhard – Nothelfer der Bauern, Fuhrleut' und Rösser

In Zeiten, in denen es weder für Blitzschlag noch Hochwasser, Viehseuchen und all die Gefahren des Lebens Versicherungen gab und eine staatliche Fürsorge bei Katastrophen fehlte, waren der liebe Gott und seine Heiligen die einzigen Rettungsanker. Im bäuerlichen Leben galten die Vierzehn Nothelfer, die nicht nur in Not und Bedrängnis als Beistände in allen Lebenslagen, sondern auch vorbeugend angerufen wurden, gewissermaßen als die einzigen »Notnägel«. Und einer der wichtigsten in Altbayern war und ist auch heute noch der Leonhard.

Sicherlich wurde auch zu Georgi (23. April), also am Namenstag des hl. Georg, zu diesem Schutzpatron der Reiter und Ritter gewallfahrtet, war dieser Heilige ja selbst ein tapferer Reitersmann und deshalb dem Pferde zugetan, aber der Sankt Leonhard wurde doch in erster Linie angerufen, wenn große Not im Roßstall war.

Sankt Leonhard, sein Namenstag wird am 6. November gefeiert, lebte als Einsiedler bei Limoges in Frankreich. Der Überlieferung nach entstammte er einem edlen fränkischen Geschlecht aus dem 6. Jahrhundert; sichere historische Zeugnisse fehlen. Seit Ende des 11. Jahrhunderts wird er als Fürsprecher von Gefangenen wie vom Bauernstand nicht nur in Deutschland, sondern auch in Frankreich, England, Italien und den Alpenländern verehrt.

Besonders heilig war er aber den barocken Altbayern, die ihm nicht nur Kapellen, sondern auch Kirchen weihten. Dort kann man auch heute noch die dankbaren Bekundungen nachlesen, die dem Viehheiligen für dessen Hilfe zugedacht worden sind. So heißt es in einem der Pferde-Wunderberichte auf einer Votivtafel: »Anno 1670 ist dem hans hietelsperger ein roß in der Wagenfuer nieder gefallen und hat das ansehen gehabt, als wan es gleich verrecken wolt . . . hat sein son zum Vater gesagt, er sole es zu S. Lienhart verloben . . . und ist das roß wider aufgestanden und frisch und gesundt wieder im Wagen eingespannt . . .«

Daß für den Heiligen für solche Hilfen, die ja oft existenzrettend waren, auch Opfer gebracht wurden in Form von Votivgaben aus Holz, Wachs, Ton, Eisen und Silber wie Votivgemälden, war schließlich dann eine Selbstverständlichkeit.

Leonhardiritt von der Säumerstadt Grafenau aus zur Leonhardikapelle nach Einberg.

Eine dieser Leonhardikirchen steht in Ganacker bei Landau, die auch als Kettenkirche bekannt ist. Als einer der Erforscher der Volkskunde hat Richard Andree darüber in seinem 1904 erschienenen Buch »Votive und Weihegaben des katholischen Volkes in Süddeutschland« folgendes geschrieben:

»Die kettenumspannte Kirche des Ortes ist dem heiligen Leonhard gewidmet, und sie ist heute noch im Besitz von mindestens 1000 Stück eiserner Rößl, Kühe, Schweine usw., die für gewöhnlich in der kleinen Friedhofskapelle in einer großen Kiste aufbewahrt werden.

Eiserne Menschenfiguren sind nicht darunter. Die Leonhardifeier wird an zwei Sonntagen nach dem Fest des Heiligen abgehalten und erfreut sich eines großen Besuchs. Reiter und Wagen erscheinen dabei nicht, dagegen ist das Rößlopfer die Hauptsache, doch wird auch Butter dargebracht, und 1903 wurden 500 Messen und viele Ämter eingeschrieben.

Der Verlauf der Opferung vollzieht sich folgendermaßen: An den Festtagen ist die sogenannte Leonhardstür, die gegen Süden liegt, geöffnet. Neben ihr steht eine für diesen Tag dort in eine Nische gesetzte meterhohe Statue

31

des Heiligen mit einem aus alten Silbermünzen gebildeten Kranz um den Hals.

Zu Füßen des Standbildes steht ein grünbemalter, großer, von vier Füßen getragener Kasten, und in diesem liegen, dicht übereinander aufgestapelt, in wirrem Durcheinander die eisernen Pferdchen und Kühe, sehr wenig andere Tiergestalten, Schweine und Kröten. Gesucht zum Opfer werden heute nur noch Rößl und Kühe.

Es war ein Vorgang von bleibendem Eindruck, wie die große Masse der angelangten Wallfahrer, Männer und Weiber, an den Figurentisch herantrat und prüfend unter den Tierbildern Auswahl hielt; freilich fehlte es auch nicht an

»Zum Lob und Ehr' des Heil. Leonhard und St. Stephanny« wurde Anfang des 19. Jahrhunderts diese Votivtafel gestiftet.

kritischen Bemerkungen über die eisernen Gestalten, aber im ganzen herrschte frommgläubiger Sinn und ernste Beachtung altüberkommener Sitte. Soviel Rosse und Kühe der Bauer daheim im Stalle hatte, soviel Eisenfiguren wählte er, legte sie in seinen Hut, schritt dann durch die Sakristeitür in die Kirche, kniete vor dem Hochaltar, verrichtete dort sein Gebet und ging nun mit seinen Votivfiguren um den Altar herum. Dann warf er Geld in den Opferstock und schüttete die Tiere klirrend wieder in eine Kiste. So verbleiben sie der Kirche und können im nächsten Jahre dem gleichen Zweck dienen.«

Leider ist auch dieser Brauch erloschen. Die Opfertiere von Ganacker befinden sich nicht mehr an ihren angestammten Plätzen in der Kirche, sondern in Museen und in den Sammlungen von Freunden alter Volkskunst.

Beim Leonhardiritt von Aigen am Inn vollzog sich der Brauch ähnlich und der Pferdeumritt ist dort, wie in vielen anderen Gegenden Bayerns, noch heute in Übung. Wie der Brauch früher war, schreibt Friedrich Panzer in seinem Buch »Bayerische Sagen und Bräuche«, das im Jahr 1855 erschienen ist: »Noch vor zwanzig Jahren brachten Wallfahrer lebendige Gänse, Enten und Hühner, trugen sie dreimal um den Altar der Kirche und ließen sie dann aus dem Chor durch ein Loch der Mauer in den außen angebauten Geflügelstall laufen. Man sieht

Fotografische Rückblende an den Leonhardiritt von Aigen am Inn aus dem Jahre 1954. Erinnert wurde dabei von kostümierten Reitern an die traditionsreiche Geschichte dieses »Pferde-Wallfahrtsortes«. Die Geistlichkeit sprach ihre Gebete von einer festlich geschmückten Kutsche (Landauer) aus und segnete von hier aus Reiter, Fuhrmänner und Pferde.

noch die vermauerte Öffnung und im Grund Spuren des Stalles. Alle ihre Pferde brachten sie mit, und Mannsbilder wie Weibsbilder ritten dreimal um die Kirche herum. Oft war der Zudrang so groß, daß der Raum des Kirchhofes, welcher sich um die Kirche herumzieht und durch eine Mauer abgeschlossen ist, nicht ausreichte.

Ein Teil mußte dann außen um die Kirchhofmauer herumreiten und warf seine Opferstücke über dieselbe in den Kirchhof. Man kann, so wird behauptet, kein Loch in den Kirchhof machen, ohne solche Opferstücke herauszugraben. Mehrere sind noch in der Sakristei zu sehen; es sind kleine, aus Eisen geschmiedete Abbildungen von Pferden, Stuten mit saugenden Füllen, Ochsen, Kühen mit dem saugenden Kalbe, Schweinen, Mutterschweinen mit ihren Ferkeln, Schafen, Gänsen, Hühnern, Kröten und anderen unkenntlichen Tieren; auch von Teilen des menschlichen Körpers; als: Herz, weibliche Brüste, Augen, Hände und Füße.

Unser Kutscher – Willi Schneider.

Sechsspännig wird beim Leonhardiritt in Grafenau/Bayerischer Wald die Erntekrone gezogen.

Hinter dem Hochaltar hängen Reife, Pferdegebisse, Schlüssel, Handschellen, Fußschellen, Sensen, Pflugscharen, Hufeisen, Pferdefüße, alles von Eisen und in übernatürlicher Größe. Eine eiserne Kröte, an einer Kette angehängt, fällt wegen ihrer Größe besonders in die Augen. Früher war auch eine schwere eiserne Kette in der Kirche, welche die Wallfahrer aufhoben oder aufzuheben suchten: sie wurde aber fortgeschafft, weil das fortwährend Geschepper die Andacht störte. Auf einer Wand ist der heilige Leonhard in Wolken abgebildet, in jeder Hand das Ende einer großen Kette, welche sich bis auf die Erde senkt und zahlreiches betendes Volk auf den Knien, den Priester und die Vornehmen an seiner Spitze, umschlingt.«

Und Rudolf Kriss schrieb über den Leonhardi-Brauch in seinem Buch »Volkskundliches aus altbayerischen Gnadenstätten«, das 1930 erschienen ist: »Als ich im Jahr 1926 zum Leonhardsfest nach Aigen fuhr, konnte ich feststellen, daß die alten Bräuche noch immer in der alten Weise geübt werden. Nach dem Hochamt fand die Opferung der eisernen Tiere statt; der Zudrang dazu war sehr groß, zwei Stunden lang kamen ununterbrochen die Menschen, suchten sich in der Schatzkammer gegen den Betrag von 10 Pfennig die gewünschten Tiere, Pferde, Kühe oder Schweine, heraus , trugen sie sonach gläubig und andächtig um den Altar herum, um sie dann wieder in einen bereitgestellten Korb zurückzuwerfen.

Gegen ein Uhr Mittag rüstete man sich zum Umzug. Erst kam auf schweren Bauerngäulen sitzend die männliche Jugend dahergeritten, ihnen folgten einige blumengeschmückte Wagen mit weißgekleideten Kindern; die interessanteste Gruppe ist aber der Wagen des heiligen Leonhard. Auf ihm steht still und regungslos wie eine Statue ein junger Bursche, der als heiliger Leonhard verkleidet ist, und zwar ganz nach dem Muster der in der Kirche stehenden Statue des Heiligen; er ist mit dem Mönchsgewand bekleidet und hält in der linken Hand den Abtstab, während ihm um die Rechte die eiserne Gefangenenkette herabhängt. Hinter ihm stehen drei als Engel verkleidete Mädchen.

Nach dieser Gruppe folgt die Geistlichkeit, die gleichfalls beritten ist; drei Priester sitzen im vollen Ornat, mit Rauchmantel und Diakonsgewändern, auf drei prächtigen Rossen und gewähren einen äußerst wirkungsvollen Anblick. Hinter ihnen folgen noch eine Anzahl Honoratioren in blumenbekränzten Wägen, die den Zug beschließen. Nach der Benediktion sprengen die Burschen mit ihren Rossen noch eine kurze Strecke ins Feld hinaus, mit welcher Sitte das Fest sein Ende findet.«

Wenn auch in Zeiten der Motorisierung es da und dort recht still wurde mit der Leonhardiverehrung, so regte sich in vielen Orten, die diese so traditionsbewußten Leonhardiritte nicht kannten, anfangs der siebziger Jahre erneut das Brauchtumsbewußtstein. Sie an dieser Stelle alle aufzuzählen, würde den Platz sprengen. Und nicht immer muß der Leonhardiritt am oder um den 6. November sein. In der Säumerstadt Grafenau wird sogar der Ritt von Grafenau zur Leonhardikapelle in Einberg, wo den Dorfanger eine Leonhard-Kapelle ziert, bereits am zweiten Samstag im September angetreten, damit die noch im Lande weilenden Feriengäste ebenfalls mit dieser Brauchtumsbezeugung vertraut gemacht werden.

Nach dem Kötztinger Pfingstritt vor dem Steinbühler Kirchlein sellten sich diese beiden stolzen Pferdebesitzer dem Fotografen.

Das Ochsengespann

Noch bis in die fünfziger Jahre dieses Jahrhunderts war für den Landwirt und Bauern der Ochse alles andere als nur ein »Hornochse«, wenn auch seine oft weitausladenden Hörner den Stadt- wie Dorfbuben gar manch gehörigen Respekt einjagten, obwohl es, von der Friedfertigkeit her gesehen, kaum ein geduldigeres Tier auf Gottes Erdboden gibt.

Nicht umsonst durfte bekanntlich der Ochs, glaubt man den rührseligen Krippendarstellungen, als einer der wenigen Vierbeiner, neben dem störrischen Esel versteht sich, bei der Geburt des Jesukindes beim Krippenwunder mit dabei sein und es dann, so die Legende, sogar mit seinem warmen Atem in den ersten Stunden des Erdendaseins wärmen.

Wenn auch in erster Linie das Pferd das Statussymbol ländlichen Reichtums darstellte, so galt das Paar Zugochsen gerade bei den Bauern im bergigen Land als existenzielle Bereicherung der Feldarbeit. Gerade wenn es darum ging, eine Wiese zu einem Feld zu »umbrechen«, war die beständige Zugkraft der Ochsen gefragt. Auch bei schweren Holzfuhren wie beim Umfahren des »Dampfes« und der Dreschmaschinen spannte man oft zwei, ja

sogar oft drei Zugochsengespanne zusammen, um das tonnenschwere und eisenbereifte Gefährt von einem Dorf ins andere transportieren zu können.

In den Aufzeichnungen von Bernhard Grueber und Adalbert Müller »Der bayerische Wald«, erschienen 1846 in Regensburg, heißt es:

»Die Bestellung der Felder und jede Zugarbeit wird in Folge der gebirgigen Natur des Landes leichter durch das Hornvieh als durch Pferde verrichtet; daher ist die Zucht dieser Tiere von einiger Bedeutung. Die wenigen Pferde, welche die Waldbewohner brauchen, holen sie zumeist aus Böhmen, wo ein dauerhafter, abgehärteter, an steinigen Boden gewöhnter Schlag sich vorfindet, während die bayerischen Pferde zu weichhufig sind.«

Doch nicht nur als Zugtier war der Ochse gefragt: Um die Mitte des vorigen Jahrhunderts wurden allein im ehemaligen Fürstbistum Passau jährlich 8000 bis 10 000 Mastochsen geschlachtet. Aber auch zu Beginn der achtziger Jahre des vorigen Jahrhunderts florierte der Ochsenhandel so gut wie in den Jahren vor dem Zweiten Weltkrieg der Ochsenschmuggel entlang der bayerisch-böhmischen Grenze. Vor allem im Bayerischen Wald stand die Ochsenmast hoch in Blüte. Allein aus den Bezirken Kötzting, Regen und Grafenau wurden alljährlich über 10 000 gemästete Ochsen nach München und in andere Städte verkauft.

Die Zucht des Pinzgauer Viehs reichte über die Donau bis in den Unteren Bayerischen Wald. In den Bezirken Wolfstein, Grafenau, Wegscheid und Passau war es zu einer Vermischung mit dem schlechteren niederbayerischen Landvieh und den dort verbreiteten oberösterreichischen Mürztalern (Steyrer Vieh), dem sogenannten »Bistumschlag«, gekommen. Das Gewicht der gemästeten Ochsen betrug so zwischen fünf und sieben Zentnern. Im nördlichen Teil des niederbayerischen Waldes wurde diese Mischung als Waldler-Vieh bezeichnet.

Der Ochs lebte wie kein anderes Tier auf einem Bauernhof mit dem Ochsenknecht in enger Eintracht zusammen, glichen sich doch beider Lebensschicksale einander, was den Arbeitsalltag betraf. Bei der Arbeitszeit galt es, sich nach dem Sonnenaufgang und -niedergang zu richten, denn diese Zeiten bestimmten auch die Länge des Arbeitstages.

So mußte im Sommer bereits um vier Uhr früh zum Füttern aufgestanden werden. Nach dem spärlichen Frühstück mit Milchsuppe und einem Stück Brot wurde eingeschirrt und das Tagewerk in Angriff genommen. Wie viele

Traditionsbewußte Bauern lassen mit Wandmalereien an die einstige Bedeutung des Zugviehs bei Feldbestellung und Ernte erinnern.

Kilometer mag oft so ein Ochsenknecht feldauf und feldab hinter dem Pflug oder der Egge, hinter dem Erntewagen oder dem Holzfuhrwerk einhergegangen sein?

Und was hatte dieser Ochsenknecht schließlich überhaupt von seinem Leben? Zumeist nur mit den übrigen Dienstboten zusammen täglich dreimal die karge Kost einzunehmen, das Schlafen in der Knechtekammer und dann zum Dienstbotenwechsel an Lichtmeß den versprochenen Sold, der mehr als bescheiden war. So verdiente auch nach dem Zweiten Weltkrieg ein Bauernknecht im Monat kaum mehr als 40 Mark. Ein gutes Leben war also weder Ochs noch Ochsenknecht beschieden; sie waren beide hinterm Pflug und Wagen schicksalsverbunden. So war es auch keinesfalls verwunderlich, daß bei einem Dienstbotenwechsel von einem Bauern zum andern dem Knecht der Abschied vom Zugochsenpaar oft schwerer fiel als der von seiner bäuerlichen Herrschaft.

Bei der Haferaussaat: das Bauernehepaar Adolf und Anna Wistl aus Solla bei Thurmansbang; Anfang der dreißiger Jahre aufgenommen.

Eindrucksvoll die Schilderung eines Bauernknechts, der bei Mobilmachung zu Beginn des Zweiten Weltkrieges zu den Waffen gerufen wurde: Als er sich am Tage seines »Einrückens« schon vor Morgengrauen auf den Weg zum nahegelegenen Kreisstädtchen machte, wohin es zu Fuß immerhin zwei Stunden waren, hörte er, als er gerade aus dem Hoftor gehen wollte, aus dem Ochsenstall noch das wehmütige Brüllen seines Lieblingsochsen »Blasl«. Seiner verbürgten Schilderung nach soll es sich so angehört haben, als wenn der »Blasl« ihm zum Abschied ein langgezogenes »Michei«, also seinen Namen, nachrufen wollte. Und so machte er nochmals auf der Stelle kehrt, um unter Tränen seinen treuen Wegbegleiter zu streicheln und ihm ein Büschel Klee in den Futtertrog zu legen.

Sicherlich gab es nicht nur solche Ochsenknechte und solch enge Verbundenheit zwischen Mensch und Tier. Ochsenknechte konnten auch elende Schinder sein. Davon zeugten dann blutunterlaufene Striemen auf dem Fell ihrer ihnen anvertrauten Zugtiere. Doch ein braver und gutmütiger Knecht sah weitgehend von der Peitsche ab, außer er knallte nur ins Leere damit.

Letztere Tierfreunde trieben auch ihre Viecher nicht bis aufs Geht-nicht-mehr an, sondern ließen ihnen und damit sich selbst Zeit. So wurde vor einem größeren Berg jedesmal angehalten und war der Gipfel erreicht, wurde ebenfalls eine Rast eingelegt.

Selbst »sozialpolitisch« gesehen hat der Ochse Eingang in das Denken von Gewerkschaft und Arbeitszeitverkürzung gefunden, wenn dies auch nur auf witzige Weise. So wird erzählt, daß einst ein Bauer seine beiden Ochsen fast bis nach Sonnenuntergang fest im Pflug hatte, feldauf und feldab den ganzen Tag lang Furche um Furche setzte. Da wurde es dann einem der beiden Ochsen mit dieser Mißachtung der Arbeitszeitverkürzung zu dumm. Er meldete dem Bauern seine Rechte an, da er ja nun mal bei der »Ochsengewerkschaft« sei, der sein neben ihm herlaufender »Kollege« nicht angehörte.

»Bauer«, sagte der Gewerkschaftsochse, »ich bin organisiert und hab' genug geschuftet. Spann mich auf der Stelle aus.« Dies tat dann der Arbeitgeber auch, worauf der »Gewerkschaftler« freudig seinem Stall zueilte. Der Bauer aber dachte nicht ans Aufhören und ackerte mit dem anderen »Ochsenkollegen« noch eine gute Stunde weiter.

Als sich dann beide Ochsen wieder im Stall gegenüberstanden, fragte der »Gewerkschaftler« den um so mehr ausgeschundenen Zugochsen, ob denn der Bauer ihm gegenüber wegen seines Einspruchs und vorzeitigen Aufhörens etwas verlauten habe lassen. »Nein«, sagte der andere Ochse, »zu mir hat er nichts gesagt.

Aber ich weiß nicht, was er mit dem Metzger besprochen hat, der zufällig an unserem Feld vorüberkam?!«

Auch in der Literatur blieb der Ochse nicht unerwähnt. Eines der nachdenklichsten Gedichte über die bäuerliche Welt hat die bei Waldkirchen geborene Schriftstellerin Emerenz Meier (1874-1928) geschrieben:

Wödaschwüln

Mi würgt der Wind, mi druckt der Tag -
Hü, meine Öchsl, hü!
Schwül wirds, es kimmt a Wödaschlag.
Hü, meine Öchsl, hü!
Der Acker hat an hirtn Bodn,
Der Mähnt koan Gang, der Pfluag an Schodn –
Hü, meine Öchsl, hü!

Mi würgt der Wind, mi brennt der Tag!
Hott, meine Öchsl, hott!
Und daß mi's Mensch iatzt nimmer mag? –
Hott, meine Öchsl, hott!
Es hat – i moan – sein' guatn Grund,
Und wann i'hn net derstich, den Hund,
Den schlechtn, straf mi Gott!

Mei Mensch is schö, drum gfallts eahm guat.
Wüah, meine Öchsl, wüah!
A Messer und fünf Stich gibt Bluat.

Wüah, meine Öchsl, wüah!
Zua bis aufs Heft und ummadraht,
Verfluachter Lump, wia wohl döas taat!
Wüah, meine Öchsl, wüah!

Natürlich nicht zu vergessen der große Roman von Ludwig Ganghofer vom »Ochsenkrieg«.

Nicht nur zu seinen Lebzeiten war der Ochs dem Menschen überaus nützlich. Ging es ans Schlachten, so war ein Ochs dem Bauern natürlich viel nützlicher als ein Pferd. Denn die Metzger waren geradezu erpicht auf diese Fleischberge, von denen sich jeder gerne eine Scheibe Festtagsbraten abschnitt.

Aber nicht nur das muskulöse wie fettarme Fleisch war es, das eine gute Einnahme versprach. Der Ochs ist von Kopf bis Fuß, besser gesagt bis zum Schwanz, voll verwertbar wie selten ein anderes Tier. Beginnt man beim Kopf, dann läuft einem gleich das Wasser im Munde zusammen, vor allem dann, wenn man nach einem ausgiebigen Zechtag Appetit auf etwas Pikantes hat. Was könnte da besser munden als etwa ein würzig eingelegter Ochsenmaulsalat?

Die Hörner garantieren, zu Hornspänen verarbeitet, fruchtbringenden Dung. Das Fell läßt sich zu hervorragendem Leder gerben. Ochsenhäute dienten den Altbayern aber auch noch zu einem anderen Zweck. Die Grundsubstanz des Schnupftabaks, brasilianische Tabaksblätter, waren zu ihrer Haltbarkeit und zum besonderen Einbeizen während des Schifftransports in Ochsenhäute eingenäht. Selbst der Schwanz versprach noch eine Delikatesse, denkt man nur an die köstliche Ochsenschwanzsuppe.

Mit der Suppenspezialität alleine war es aber beim Ochsenschwanz nicht abgetan. Abgehäutet und getrocknet war er zwar nicht gerade als Spazierstock in Mode, dafür aber um so mehr als ein gefürchtetes und oft recht hilfreiches Selbstverteidigungsinstrument. Ab und zu wurde der Spieß umgedreht, in diesem Falle der Ochsenschwanz, und als Angriffswaffe verwendet. Wehe dem, der einmal seine Elastizität am eigenen Leibe erfahren mußte! Man sagte natürlich zu diesem »Schlagwerkzeug« nicht Ochsenschwanz, sondern nannte ihn hinterlistigerweise »Ochsenfiesel«.

»Heimgeleuchtet« mit dem »Ochsenfiesel« wurde oft auch übermütigen Burschen nach allzu ausgedehntem Kammerfensterln.

Bei Viehhändlern wie Metzgerburschen gehörte der »Ochsenfiesel« geradezu zum Handwerkszeug, um damit das Schlachtvieh in die gewünschten Bahnen zu lenken. Das Ende des »Ochsenfiesel« kam erst mit der Einführung des »Elektrisierers«, also des batteriebetriebenen Impulsgebers, mit denen Tieren ein leichter elektrischer Schock versetzt werden kann, wenn sie nicht gleich in die vom Schlächter gewünschte Richtung marschieren wollen.

Bei den besonderen Festen in Bayern sind neben dem Ochsen am Spieß auch Ochsenrennen, die Tausende von Besuchern anziehen, gefragt. Im Rottal wie in Metten, um nur zwei Beispiele von vielen zu nennen, werden dabei Ochsen von oft mehr als zwanzig Zentnern auf eine 100 Meter lange Arena geschickt. Dabei gibt es zweierlei Varianten des Austragungsmodus: Einmal können die Ochsen geritten werden, zum andern haben sich die stolzen Ochsenbesitzer und Spezialisten dieses tierischen Rennens eigene Sulkys gebaut, die dann – für Ochsen gesehen – in Höchstgeschwindigkeit vor einer jolenden Menge über die (Volksfest-)Plätze gezogen werden.

Für ein kleines Bauerndorf im Bayerischen Wald ist der Ochs sogar Namensgeber.

Hier ein Eggenfeldener Ochsenrennen im »Originalton« einer Zeitungsreportage:

Mit der Grazie eines Rennpferdes können sie es freilich nicht aufnehmen, doch stehen sie hoch in der Gunst des Publikums: die Ochsen, wenn sie vor den Sulky gespannt oder mit einem Reiter auf dem wuchtigen Rücken die Wiese hinunterstampfen. Kommt die zentnerschwere Muskelkraft erst einmal in Bewegung, ist sie nur schwer zu bremsen und der »Steuermann« muß abwarten, wohin sein Rindvieh läuft.

»Die gebärden sich heute wie wild, sind ja auch vier Wochen im Stall gestanden«, kommentiert Paul Bauer das Szenarium, das sich in dieser Woche beim Training auf einer Wiese in Falkenberg geboten hat: Im gestreckten Galopp jagt Ochse »Hans« über die Bahn, schlägt urplötzlich einen Haken und schleppt Sulky mit Fahrer Anton Naderer ins Himbeergestrüpp. Eine ziemliche Viecherei, bis das Ochsengespann gewendet und wieder aus dem Wald heraus auf die rechte Bahn gebracht wird.

Ein strenges Reglement zurrt die Reiter oder Fahrer der Gespanne fest, sie dürfen keine Schläge austeilen für zu bedächtigen Galopp. Gutes Zureden, im Höchstfall Schieben ist erlaubt. »Im Notfall können wir schon mit den Zügeln korrigieren, aber das kostet wertvolle Zeit«, sagt Paul Bauer. So müssen sie sich auf den Herdentrieb ihrer Ochsen verlassen, die

Vor seinem »großen Auftritt« wird dieser Rottaler Rennochse noch liebevoll von seiner stolzen wie hübschen Besitzerin mit einer Maß Bier getränkt.

– haben sie nicht gerade ihren »spinnerten« – sich durch laute Zurufe in schwankende Bewegung setzen. Wehe ein Zuschauer ist voreilig und stört mit seinem Geschrei den Start. Ein guter Ochse kann es übrigens über 100 Meter locker mit einem Profi-Sprinter auf-

43

nehmen, denn seine Zeit liegt bei knapp zehn Sekunden.

Glaube und Aberglaube waren einst im Brauchtumsleben der Altbayern kaum zu trennen. So gab man dem lieben Vieh zwar in der Heiligen Nacht (24. Dezember) geweihtes, mit Salz bestreutes Brot, um damit des Segens Gottes gewiß zu sein, glaubte aber zugleich fest daran, daß Kuh und Ochs in der Silvesternacht zu reden anfangen würden.

Zum Abschluß der Flurbereinigung in Schabenberg bei Schönberg wurde 1990 ein rund hundert Jahre altes Marterl erneuert, das an folgende Geschichte erinnert:

Ein reicher Bauer aus Stephansposching wollte in Erfahrung bringen, ob es der Wahrheit entspräche, daß in der Silvesternacht die Tiere wirklich reden. Der Bauer legte sich in den Futterbarren seiner beiden Ochsen und harrte der Dinge, die da kommen sollten. Er mag nicht wenig erschrocken gewesen sein, als um Mitternacht, als die Kirchenglocken das neue Jahr verkündeten, plötzlich einer seiner Zugochsen aufstand und zu seinem »Nebenmann« sagte: »Komm, Brauner, steh auf, heu-

Steinrelief an einem Brückenpfeiler der Donaubrücke in Straubing. Auch Roß und Ochs waren bei weniger vermögenden Bauern oft ein gutes Gespann.

44

er haben wir ein schweres Jahr vor uns, denn wir müssen unseren Bauern zum Friedhof ziehen.« Tief erschrocken über dieses Menetekel verfügte der reiche Agronom, daß er dort beerdigt werden möchte, wohin ihn seine beiden Ochsen ziehen. Dort, wo sie schließlich stehenblieben, soll eine Kirche erbaut werden.

Die Offenbarung in der Silvesternacht sollte sich zum Leidwesen des Bauern bald erfüllen. Am Schabenbach, der sich auch heute noch durch die Marktgemeinde Schöberg windet und damit gut 40 Kilometer von ihrem Stall entfernt, sollen die Ochsen das erste Mal länger angehalten haben, sicher, um sich im Bach den Durst zu löschen. Doch als man den Sarg bereits abzuladen begann, fingen die Ochsen wieder zum Gehen an und hielten erst wieder in Oberkreuzberg im Bayerischen Wald, wo sich dann der Wunsch des Bauern endgültig erfüllen sollte. Ein Votivbild in der dortigen Bergkirche verweist auf diese Geschichte.

Marterl mit sagenhaftem Ochsengespann in Schabenberg bei Schönberg

Die Zurufe an das Zugvieh

Schon viele Jahrhunderte hindurch leben im Volke fort die Rufe, durch die man vom Zugvieh das Gehen, das Wenden nach rechts oder links, das Zurücktreten und das Stehenbleiben fordert. Kein Heimatkundler kann an diesen wirklich uralten Volksausdrücken gleichgültig vorübergehen, doch die Erklärung derselben bietet die größten Schwierigkeiten.

Im allgemeinen muß angenommen werden, daß diese Zurufe deutsch sind und daß sie das vom Zugtier Gewollte auch wirklich besagen; die sachliche Bedeutung dieser Worte hat sich natürlich durch die Überlieferung erhalten, aber die Worte selbst sind durch den vielhundertjährigen Gebrauch so sehr abgeschliffen worden, daß die Wortwurzeln fast unkenntlich geworden sind; hinsichtlich letzterer ist aber auch noch zu bemerken, daß der eine oder andere Zuruf ans Zugvieh noch eine ganz alte, allen Sprachen gemeinsame Wurzel enthält.

Die Rufe, welche Wendung nach rechts oder links verlangen, sind übrigens auch in den einzelnen deutschen Gegenden nicht die gleichen.

1. »Wi-a« fordert das Gehen überhaupt oder das raschere Gehen. Dieser Zuruf enthält doch ziemlich sicher jenes den alten Sprachen gemeinsame Wort, das unser heutiges Kraft oder Lebhaftigkeit bedeutet, sodaß »wi-a« heute mit »vorwärts« oder »schnell« zu geben wäre. Entsprechend seiner alten Wurzel ist »wi-a« ganz international; während des letzten Krieges wurden Gefangene völlig aus aller Herren Länder als Arbeitskräfte auf das Land geschickt, aber alle riefen »wi-a« oder »wi-o«, wie es denn überhaupt ganz überraschend war, wie leicht sich diese verschiedenartigen fremden Arbeiter und unser Zugvieh zusammenfanden.

2. »Hi« verlangt Richtung nach links; das scheint jenes Wort alter Sprachen zu sein, welches »hier« oder »da« bedeutet, und würde also besagen, das Vieh solle »daher«, nach dem Zuge des Leitseiles, sich wenden, indem ja der Fuhrmann gewöhnlich links geht. In der gleichen Bedeutung wird auch gebraucht »har« oder »heir«, wobei »ein« zu ergänzen ist und also der Sinn »herein« sich ergibt; noch öfter aber hört man in der gleichen Bedeutung »wist-har«. Das »wist« ist dasselbe Wort, wie das obige »wi-a«, sodaß also »wist-har« soviel als »schnell herüber« bedeutet. In unserem Mühlviertel besagt aber »wist-har« sonderbarerweise soviel als »schnell fort«, was kaum an-

46

Überaus leichtgängig waren die Gäuwagerl, die, wie unser Bild zeigt, auch bereits mit einer Beleuchtung versehen waren.

ders zu erklären ist, als durch die hiesige Sitte, daß der Fuhrmann den Zugochsen nicht zur Seite, sondern v o r a u s geht, sodaß also »wist-har« oder vielmehr »wist-dahar« wohl auch, wie schon erwähnt, »rasch daher«besagt, aber dem Fuhrmanne nach, der das Zugvieh häufig auch nachzieht. Dieser Gebrauch des Wortes »wist« im Mühlviertel spricht gegen diejenigen, welche das »wist« vom keltischen »chwith« = links ableiten wollen. Den Abergläubigen galt und gilt links als Unglücksseite,

daher man denn öfter erzählen hörte, daß man, wenn der Teufel in finsterer Nacht fahre, einzig nur immer den Ruf »hi«, »hi« vernehme. In manchen Gegenden ruft man, um das Vieh mehr links zu bringen, »zoh« oder »zoh hi«, was also »zieh daher« bedeutet und wieder den Fuhrmann links gehend voraussetzt.

3. »Hot« und »di-hot« verlangt, es solle das Zugvieh nach rechts gehen, und dieses Wort ist der Gegensatz zum obigen »har«. Dieses

»har« bedeutet nun »her« oder »herüber«, nämlich zum Fuhrmann, der links geht und mit dem Leitseile nach links zieht, und »hot« besagt soviel als »hinüber«, wobei der Wagenführer das Zugvieh häufig nach rechts schiebt. In einem alten Berichte ist die Rede von einem Dorfe, in welchem kein Fuhrwerk verkehrt, in dem »man hört nien har noch hot«, also nie »har« noch »hot«.

4. Ist das Gespann zu weit vorwärts gegangen und soll es deswegen wieder etwas zurückziehen, ohne sich umzukehren, so ruft der Fuhrmann in manchen Gegenden »hauf«, in den meisten aber »zauf«, wobei öfter auch noch »z'ruck« beigesetzt wird. Um diese Ausdrücke zu erklären, muß man offenbar an die alten Zeitworte »houfen« und »zauwen« denken, welche beide »rückbewegen« bedeuten.

5. »Oa«, »äj«, »äha«, diese Rufe verlangen das Stillstehen der Zugtiere. Wie das ursprüngliche hier in Betracht kommende Wort, das unser heutiges »Schluß« oder »Halt« bedeutete, geheißen hat, kann auch nicht mehr sicher angegeben werden; in manchen Gegenden ist übrigens von demselben nur mehr der einzige Buchstabe »O«, aber mit der vollen Wortbedeutung, geblieben, daher sich denn in diesen Gegenden schon die Abc-Schützen vergnügen mit dem Rätsel: »Welcher ist der stärkste aller Buchstaben?« und der Antwort: »das ›O‹, denn es hält Roß und Wagen auf«.

Im oberbayerischen Hochland und in der Landsberger Gegend hört man von Fuhrleuten auch häufig den energisch ausgestoßenen Zungenlaut »Brrr« zum Anhalten des Gespannes.

Von Johann Sigl um 1900 aufgezeichnet

Sechsspännig wurde der »Dampf« (Dampfmaschine) zum Lohndreschen von einem Dorf zum andern gezogen.

Bauernregeln, Weisheiten und Sprüch' rund um Pferd, Ochs und Kuh

Das Pferd betreffend:

Wenn die Roß beißen die Mücken und der Rauch nicht aus Küche will,
bedeutet es Regen von freien Stücken.

Wenn der Bettelmann auf a Roß kimmt, nacha ko ihn der Teifi nimmer derreiten.

Wer auf einem Roß ob'n sitzt, sitzt hou ob'n (kann leicht von seiner Höhe herabfallen).

Die guten Gedanken und dö hingert'n Roos kemman oiwei hintnach.

Einem geschenkten Gaul schaut man net ins Maul.

Mancher hat Scheuklappen vor den Augen.

Der sauft wia a Bräuroos.

Gott schütze dich vor Sturm, Wind und Traber, die zu langsam sind.

Wenn's im August regenlos abgeht,
das Pferd dann mager vor der Krippe steht.

Schlechtes Futter gibt rauhe Pferde.

Im Oktober sind die Pferde pober.

Eines Hufeisens willen verdirbt oft ein Pferd.

Soviel Pferde, soviel Sauen.

Im Januar beschlag die Pferde, wenn Neumond ist, oder etliche Tage danach, dann kriegen sie gute Hufe.

Je rauher das Fohlen, desto glatter das Pferd.

Pferd und Schaf sind Weideschinder,
schonend weiden nur die Rinder.

Hat ein Pferd blutende Hufe, schmier sie mit frischem Kuhmist ein, und sie werden schnell heilen.

Man soll nicht mit Vieren fahren, wenn man nur für zwei Futter hat.

Um Pferde vor Fliegen und Bremsen zu schützen, kocht man Hanf mitsamt dem Kraut ab und reibe sie damit ein.

Wer nur lebt mit Pferden,
kann leicht selbst zum Viehe werden.

Ein Jahr länger ein Fohlen,
ist zehn Jahre länger ein Pferd.

Den Ochs betreffend:

Der Februar muß stürmen und blasen,
soll im Mai das Vieh schon grasen.

Wenn die Ochsen spielen, ändert sich das Wetter.

Am ersten Mai fährt man den Ochsen ins Heu.

Aus einem Ochsen konnst koa Roos macha (ist halt langsamer).

Die Kuh betreffend:

Die besten Milchkühe werden die Kälber, die zwischen Lichtmeß (2. Februar) und Faschingsdienstag geboren werden.

Ostern früh, hungrige Küh.

Kommt Sonne nicht in deinen Stall,
bringt krankes Vieh bald zu Fall.

Zu Georgi (23. April) die Küh' naus,
zu Micheli (29. September) wieder nach Haus.

Wenn es im Mai donnert, gibt die Kuh Milch.

Michaeli (29. September) kauf am besten Vieh,
den Verkauf aber brich nicht übers Knie.

Gescheckte Kühe geben mehr Milch.

Nach St. Gallus (16. Oktober) bleiben die Küh'
im Stall.

Für den Kuhstall mußt du merken:
Runde Kälber, schlanke Sterken.

Merkt, daß heran Gewitter zieh',
schnappt auf der Weid nach Luft das Vieh,
auch wenn's die Nasen aufwärts streckt
und in die Höh' die Schwänze reckt.

Novembermilch macht die Kälber billig.

St. Nikolaus (6. Dezember) beschert die Kuh,
gibt aber nicht den Strick dazu.

Am 1. Weihnachtsfeiertag (25. Dezember) muß man den Kühen Hefezöpfe zu fressen geben, das bedeutet Gesundheit und Glück im Stall.

Bei Mondwechsel kalben die Kühe.

Ohne Mühe keine Kühe.

Die Hörner von Jungvieh soll man bei abnehmendem Mond richten.

Wenn das Vieh hustet und unruhig ist, so gibt es schlechtes Wetter.

Eine lahme Kuh ist eine halbe Kuh'.

Soll sich lohnen deine Müh',
halt junge Hennen und alte Küh'.

Wenn die Bäuerin die Kühe füttert,
geben selbst die Hörner Milch.

Wo nichts vor der Kuh ist,
ist auch nichts unter der Kuh und auch nichts
hinter der Kuh.

Wenig Milch und wenig Mist
gibt die Kuh, die wenig frißt.

Mit zwei PS zum lohnenden Nebenerwerb

Neben Hund und Katz' ist auch bei den Städtern die große Liebe dem Pferd zugewandt. Und um so weniger diese rassigen Tiere in der Landschaft zu entdecken waren, desto größer wuchs die Sehnsucht nach der Begegung mit ihnen. Im niederbayerischen Rottal, dem »Tal der Rosse« schlechthin, hat es in den zwanziger Jahren pro siebzig Einwohner noch je ein Roß gegeben, heute steht dieser einstige Bauernstolz nur noch in den Ställen von Reitsportfreunden.

In ausgeprägten Fremdenverkehrsgegenden wissen vor allem Nebenerwerbslandwirte die Gunst der Pferdefreunde auf eine besondere Art und Weise gewinnbringend zu nutzen. Sie kümmern sich um jene Liebhaber des geschichtsträchtigen Begleiters der Menschen, die nicht unbedingt in den Sattel steigen, dennoch aber Natur und Pferd ziemlich nahe sein wollen. Pferdekutschenfahrten heißt das romantische Urlaubserlebnis. Sie werden in vielen Ferienorten und Luftkurorten, so vor allem auch im Bayerischen Wald angeboten.

Einer von ihnen ist Helmut Siegl aus Loderhof im Dreiburgenland im Bayerischen Wald. Vor seiner Haustür liegt das größte Freilichtmuse-

Auf Entdeckungsreise im Planwagen sind vor allem auch Kinder und Jugendliche gerne mit dabei.

um Deutschlands, mit mehr als 60 Höfen und Häusern wie Handwerkerhäusern aus drei Jahrhunderten, das Museumsdorf Bayerischer Wald.

Zuverlässig wie ein fahrplanmäßiger Bus steht in der Vor-, Haupt- und Nachsaison gegen 10 Uhr früh sein mit zwei Haflingern bespanntes Gespann vor dem »Mühlhiasl«-Gasthof und wartet auf Passagiere für seinen gummibereiften Wagen, der bis zu zwölf Personen aufnehmen kann. Vor Beginn der Reise wird ausgemacht, wie lange eine solche Fahrt dauern soll, denn nach der Fahrtdauer richtet sich auch der Preis.

Und nachdem immer mehr Kutschenfreunde längere Reisen bevorzugen, hat der Pferdefreund Siegl auch mehrtägige Planwagen-Exkursionen zu den schönsten Zielen des Bayerischen Waldes mit ins Programm aufgenommen. Abseits von den Hauptverkehrsstraßen geht es auf zumeist schattigen Feld- und Waldwegen zu idyllisch gelegenen Ortschaften, zur Einkehr in Dorfwirtschaften und zu schönen Rastplätzen, wo man dann selbst beim Würstlbruzzeln Hand anlegt und zu einer gutgekühlten Halben Bier greift.

Übernachtet wird bei Zwei- und Mehrtagetouren auf Bauernhöfen im Heu, wer's jedoch komfortabler haben will, dem kann ein Quartier »Urlaub auf dem Bauernhof«, also in einem schmucken Zimmer eines landwirtschaftlichen Betriebes, angeboten werden.

Doch Helmut Siegl ist nur einer von den vielen »Roßnarren«, die ihre Leidenschaft in klingende Münze verwandeln – das schon seit Jahren.

Gleich zweimal zwei Pferde eingespannt hat der »Schmugglerhof« in Harschetsreuth bei Grafenau, der dem Ansturm der Rundfahrts-Freunde mit zwei geräumigen Planwägen begegnet, die fast täglich im Einsatz sind. Besonders Kinder haben an diesen Touren mit

Mit Marke »Eigenbau« und einem kleinen Pferdchen lassen sich ebenfalls Fuhrmannsherrlichkeiten erleben.

Wägen, die so recht an die Eroberung des Wilden Westen durch europäische Siedler erinnern, ihre Freude. Daß diesem Flair noch Nachdruck mit Lagerfeuern und Gitarrenklang geleistet wird, gilt (gegen Aufpreis) als selbstverständlich.

Besonders beliebt sind solche »Programmeinlagen« bei »geschlossenen Gesellschaften« wie Kegelclubs und Schützenvereinen, denen solche Rundherum-Pakete einschließlich Grillfleisch, Bier vom Faß, Bärwurz (Bayerwald-Klarer) und Musik pro Nase so für 25 Mark angeboten werden.

Zwar nicht der Planwagen, sondern eine besonders schön herausgeputzte Kutsche kommt bei anderen »Sondereinsätzen« in Fahrt. Für manche Hochzeitspaare gibt es an ihrem schönsten Tag im Leben nichts Romantischeres als eine Fahrt mit einer geschmückten Hochzeitskutsche vom Elternhaus bis zum Standesamt und zur Kirche und anschließend zum Festmahl des künftig »zweispännigen« Lebens. Natürlich läßt sich der Pferdebesitzer und Kutscher den Tannenreisig- und Blumenschmuck, das extra Herausputzen der Pferde das »Schuhputzen« der Pferdehufe entsprechend bezahlen – doch Hochzeitspaare sind nun mal bekannt dafür, daß gerade an diesem Ehrentag an nichts gespart werden darf, steht doch hier auch vor den lieben Mitbürgern das Ansehen auf dem Spiel.

Doch selbst bei solch feierlichen Anlässen sollte der Kutscher nicht vergessen, daß er und sein Gefährt den Bestimmungen der Straßenverkehrsordnung unterliegen, so zum Beispiel dem Rechtsfahrgebot, Vorfahrtgebot, Halteverbot usw. Wenn auch der Kutscher und Wagenlenker von der Polizei bislang noch nicht nacheinem »Führerschein« gefragt wird, den es allerdings bei Reit- und Fahrvereinen bereits gibt, so gilt für ihn auch das Personenbeförderungsgesetz nicht.

Bezüglich des Alkoholgenusses gibt es ein kleines Unterscheidungsmerkmal zwischen Kraftfahrzeugführern und Pferdewagenlenkern. Denn: Der § 24a StVG gilt nicht, da dieser nur einen Kraftfahrzeugführer in die Verantwortung nimmt, ein Kutscher dagegen nur ein Fahrzeugführer ist. Wird ein Kutscher also mit »Fahne« und einem »Promillegehalt von 0,8 bis 1,1« angetroffen, so handelt es sich dabei nur um eine Ordnungswidrigkeit, die keinen Führerscheinentzug zur Folge haben kann.

Für Kutschenfahrer maßgebend ist jedoch der § 316 des Strafgesetzbuches: Wird er mit seinem Fuhrwerk mit 1,1 Promille »angetroffen«, wird er von der Polizei zur Anzeige gebracht. Die Grenze der Anzeigepflicht kann jedoch auch darunter liegen, wenn anderweitige Ausfallerscheinungen auffällig sind oder ein Unfall verursacht wird.

Was schreibt der Gesetzgeber heutzutage Pferdefuhrwerkern vor?

Nach der Straßenverkehrsordnung für die Bundesrepublik Deutschland gelten für Pferdekutschen und -wägen bzw. für deren Lenker folgende Vorschriften:

● Es gibt keine Zulassungspflicht für Pferdegespanne.

● Abmessungen der Kutschen und Wägen:
Höhe: max. 4 m
Breite: max. 2,5 m
Länge: max. 10 m

● Bereifung muß den Betriebsbedingungen entsprechen (Vorschrift gilt für Speichenräder aus Holz oder Stahl gleichermaßen). Luftreifen sowie Mindestprofiltiefe sind nicht vorgeschrieben.

● Fuhrwerke müssen leicht lenkbar sein, i. d. R. Achsschenkel- oder Drehschemellenkung.

● Sitz oder Stand des Fahrzeugführers muß ein sicheres Führen gewährleisten.

● Beschaffenheit des Pferdegespannes muß ein sicheres Auf- und Absteigen ermöglichen.

● Ausreichende Bremseinrichtung (Betriebs-/Feststellbremse); Spindelbremsen (von hinten zu bedienende Hinterradbremsen) genügen nicht den Anforderungen.

● Ständige Ausrüstung mit zwei roten Rückstrahlern an der Rückseite und mit mindestens einem gelben Rückstrahler an jeder Längsseite.

● Bei Dämmerung, Dunkelheit oder besonderen Lichtverhältnissen Ausrüstung mit einer Leuchte mit weißem Licht nach vorne und mit einer Leuchte mit rotem Licht nach hinten.

Besonders beliebt auch bei Urlaubern – die Ausfahrt mit dem Planwagen.

Niederbayerische Bauersfamilie mit Knechten und Mägden (um die Zeit des Ersten Weltkrieges).

Der Bauer fährt im Sonntagsstaat »ins Gäu« mit seinem »Laufroß«, eingeschirrt mit dem schönsten Geschirr aus der Geschirr-kammer im oberen Stock und seinem »Zweiradler«, auch Traberkarren genannt (aufgenommen um 1890 in Arnstorf/Rottal).

Brauereibesitzer Joh. Nep. Bucher aus Grafenau beim Familienausflug mit einem leichten Ausfahrwagen (»Duc«); aufgenommen um die Jahrhundertwende.

Weit verbreitet zwischen Donau und Wald waren die »Einspänner« wie hier eine Viktoria-Kutsche auf der Fahrt von Pronfelden nach Spiegelau.

SCHÖNBERG, Niederbayern

Marktplatz mit Kirche

Feiertägliche Stille im Meran des Bayerischen Waldes, in Schönberg: Platz genug für einen Ausflug mit dem »Zweiradler« in den zwanziger Jahren.

Idyll am Grafenauer Stadtplatz vor dem Ersten Weltkrieg: Die Gastwirtsfamilie Kellermann mit Laufwagerl und Stammgästen.

Sechsspännig eingespannt beim Volksfestaufzug 1984 in Grafenau. Auf dem Bock einer noblen Kutsche der Fuhrmann Fischer aus Wienertsham bei Haarbach.

Eine besondere Kunst des Kutschierens: die Tandem-Fahrt, wobei zwei Pferde hintereinander eingespannt werden, wie hier beim Volksfestaufzug in Grafenau.

Mit seinen beiden Rössern und seiner gesamten Familie ließ sich im Jahre 1914 der Bauer Johann Pletl vor seinem Gehöft in Raben bei Schönberg von einem wandernden Fotografen auf »die Platte« bannen.

Die Bauersfamilie Paintmayer in Tiefstadt bei Eggenfelden vor ihrem Wohnstallgebäude (Querhaus), die mit sechs Pferden 100 Tagwerk Grund bewirtschaftete. Die Aufnahme entstand in den Jahren 1920–1925.

Der Punzenhof-Bauer in Winschen in der Gemeinde Arnstorf im Rottal um das Jahr 1930. Von der Wohnstube (rechts) erreich-
te man über die Flez den Pferdestall, vor dem das Pferdegeschirr im Freien aufgehängt ist; auf der Altane (rechts) eine Anzahl
von Bienenkörben aus Stroh.

Mit seinen Pferden alt geworden . . .

Mit dem »Häuflpflug« zum »Kartoffel-Anackern« unterwegs.

Schwere Arbeiten im Herbst: die Stoppelfelder umzuackern und die Äpfel unter einem gewaltigen Mühlstein in der »steinernen Nirsch« zu Most zu pressen. Diese Vorrichtung ist unter der Bezeichnung »Roßwalzl« bekannt.

Nach einem langen Winter gehörte das Mistausfahren zu den ersten Arbeiten der Felder- und Wiesenbestellung.

Auch Bäuerinnen wußten gut mit Pferden umzugehen, wenn mal im wahrsten Sinne des Wortes Not an Männern war.

Auch beim Straßenbau war das Pferdefuhrwerk selbst in den fünfziger Jahren dieses Jahrhunderts unentbehrlich. Geduldig zogen sie den schweren »Steinbeißer« zum Wegebau wie hier in der Gemeinde St. Oswald unweit des bayerisch-böhmischen Grenzgebirges.

Gleich vier Pferde und zwei Zugochsen mußten vorgespannt werden, als um anno 1914 der Dreschwagen von der Ortschaft Stadl bei Preying nach Trautmannsdorf »umgefahren« wurde. Vor dem Gasthaus des Josef Möginger, das heute Karl Breinbauer, dem Postwirt von Tittling, gehört, ließ sich dann neben den Pferdebesitzern und den Roßknechten auch die Wirtsfamilie (links) fotografieren. Im Bildvordergrund mit Mantel Paul Eckerl, genannt auch der Baus-Bauer.

Um das Jahr 1925 entstand dieses Bild eines Langholzfuhrwerks beim Huber-Bauern in Obertattenbach bei Birnbach im Rottal.

Gleich mehrere Kubikmeter maß dieses Stammholz, das aus dem bayerisch-böhmischen Grenzgebirge in den dreißiger Jahren zum nächstgelegenen Sägewerk transportiert wurde.

Anfang der fünfziger Jahre löste das »Dieselroß« allmählich das Pferdefuhrwerk ab. Anton Petzi aus Freyung hatte zwar bereits gummibereifte Räder an seinem Blöcherwagen, aber als Fuhrmann aus Leidenschaft glaubte er noch immer fest an seine eigenen »zwei PS«.

Als es noch keine Omnibusse gab, war auch ein geschmückter Leiterwagen mit quergelegten Brettern als Sitzplätzen gut genug, um eine Festgesellschaft ins Nachbardorf zu befördern.

Kein Fest ohne Pferdefuhrwerk: Im Jahre 1952 fuhr Peter Dillinger das mit Stangeneis gekühlte Festbier der Brauerei Bucher noch Faß für Faß direkt zum Volksfestplatz.

Kammerwagenfahren im Jahre 1927 ab einem Gehöft im Rachel-Lusen-Gebiet mit »vorziehenden« Mädchen und Buben, für die es Plätzchen und Krapfen als Geschenk gab.

Von der Wiege bis zur Bahre mußte eingespannt werden. Hier zum Umfahren eines Kammerwagens bei der Hochzeit des Buchner-
bauern in Gern bei Eggenfelden. Die »Brautkuh« zwischen beiden Kammerwägen gehörte ebenfalls zur Mitgift der Braut.

Eingeschirrt werden mußte selbst bis in die sechziger Jahre zur letzten Fahrt, wie hier für Paul Liebl von Goggersreut bei Röhrn-bach im November 1963.

Postkutsche im Bayerischen Wald; vor dem Ersten Weltkrieg aufgenommen.

Winterlicher Fuhrverkehr auf der Hauptstraße von Freyung mit Pfarrkirche im Hintergrund; aufgenommen im Januar 1918.

Mit Eisblöcken schwer beladen, nahmen auch noch im Jahre 1965 in Klingenbrunn Pferdefuhrwerke ihre Fahrt von den im Tale gelegenen Eisweihern hinauf zur Brauerei Stangl nach Klingenbrunn auf. Das Eis wurde inmitten des Winters in den Eiskellern eingelagert, um damit dem Bier das ganze Jahr über die entsprechende Kühlung zu verschaffen. Diese Arbeit dauerte oft wochenlang und war nicht ungefährlich.

Auch die Machthaber des Dritten Reiches verzichteten zu ihrer »Heerschau« nicht auf Pferdeumzüge, wie hier im Jahre 1933 in Grafenau.

Zwischen Backofen und dem mit einem Spalier versehenen Hof für den Wanderfotografen postiert: die gesamte Bauersfamilie mit ihrem Gesinde (Bayerischer Wald in den zwanziger Jahren).

Stolz wie ein Kutscher, der den Kutschbock mit dem Jauchefaß vertauscht hat, fährt dieser Bauerssohn in den fünfziger Jahren zum Düngen von Wiesen und Feldern aus.

Rudolf und Maria Bauer aus Saldenburg im Dreiburgenland brechen hier mit Kindern und zwei Einspannkühen im Herbst 1958 zur Haferernte auf.

Schwere Böden, vor allem aber das »Umbrechen«, also das Umackern einer Wiese zu einem Feld, erforderten die beständige Zugleistung der kraftstrotzenden Zugochsen.

Im Jahre 1925 waren die landwirtschaftlichen Betriebe nur selten elektrifiziert, weshalb die Ochsen für den Antrieb von Maschinen sorgen mußten. Mit diesen Göpeldreschmaschinen, erfunden um 1786, wurde der Flegeldrusch abgelöst.

Dampfkesseltransport in Freyung mit gleich zwölf Ochsen vom Säge-werk zum Bahnhof im Jahre 1922.

Anstatt eines Kammerwagens wurden in den einst schneereichen Wintern Ochsen vor einen Zugschlitten gespannt, um das Heiratsgut der Braut zum Anwesen des Bräutigams zu transportieren, wie hier bei Kirchdorf im Landkreis Regen vor dem Ersten Weltkrieg.

Besondere Gespanne

Mit einem höchst komischen Gespann ließ sich dieser junge Mann auf dem vor dem Zweiten Weltkrieg noch nicht besiedelten Grafenauer Steinberg ablichten. Es zeigt auf dem Pfluge sitzend Hermann Sigl, der hier zwei Grafenauerinnen »eingespannt« hat.

Harte Arbeit oder nur Spaß – das ist die Frage zu diesem im Jahre 1942 in Grünberghütte entstandenen Bild, deren Antwort sich jedoch nicht mehr ergründen läßt.

Mit Menschenkraft wurde hier in der Gemeinde Arnstorf im Rottal ein bereits bestelltes Kartoffelfeld gewalzen. Das Aufnahmedatum ist unbekannt.

Franz Winklhofer, früher Mesner in Bad Höhenstadt, hat diese Rarität bei seinen alten Sachen gefunden. Eine echte »Goaß« hatten die Buben im Jahre 1915 in ein Leiterwagerl eingespannt und sind damit im Dorf herumgefahren. Es durfte aber immer nur einer von den Buben auf dem Leiterwagerl sitzen, damit es der Goaß nicht zu schwer wurde. Die beiden anderen mußten neben dem Gespann herlaufen und der jeweilige Kutscher wurde dann von Zeit zu Zeit abgelöst. In arge Verlegenheit wurden die »Goaßkutscher« vom damaligen Schmied in Bad Höhenstadt gebracht, als er sagte, die Goaß müsse unbedingt Hufeisen bekommen, weil sie dann das Wagerl viel besser ziehen kann!

Im Freilichtmuseum des Bezirks Oberbayern an der Gentleiten ist eine Postkarte mit diesem sonderbaren Gespann ausgestellt. Kommentar dazu: »Ziegen als Vorspann sind sicher nur ein Ausnahmefall«.

Rottaler Impressionen: Mit einer Eigenkonstruktion eines »Laufwagerls« wird an alte bäuerliche Traditionen erinnert, als eben das Pferd der einzige Motor eines Fortbewegungsmittels sein konnte. (Traberkarren; aufgenommen vor einem Gehöft in Sammarei bei Aldersbach.

Festlich herausgeputzt sind beim traditionsreichen Regener Osterritt nicht nur die Pferdebesitzer und deren stolze Söhne, sondern auch ihre Rösser, die hier am Stadtplatz zur Schau gestellt werden.

An die 400 Wallfahrer hoch zu Roß sind es alljährlich, die am Vormittag des Pfingstmontags – ein uraltes Gelöbnis erfüllend – von Kötzting hinaus zur Wallfahrtskirche nach Steinbühl aufbrechen. Die Entstehung des Kötztinger Pfingstritts ist auf das Jahr 1412 datiert.

Für die Besucher der Passauer Maidult waren die »Innstadt-Schimmel« fast so berühmt wie die Hallerdauer Schimmel.
Die Innstadt-Schimmel waren es, die, wie hier am 1. Mai 1967, die ersten Fässer des köstlichen Festbieres von der Brauerei bis
zum Kleinen Exerzierplatz, also dem Maidultplatz, zogen.

Kindheitserinnerungen vieler Häuslersöhne: die Einspannkuh mußte schön und brav bei den Kleinlandwirten Pferd und Ochsen ersetzen und nährte zugleich auch selbst kinderreiche Familien.

Als urkundlich erwiesen gelten die Salzsäumer, die das »weiße Gold« in Salzkufen von Passau aus auf »Goldenen Steigen« nach Böhmen transportierten, als die ersten »Spediteure« zwischen Donau und Wald.

Der Falter-Bräu (Johann B. und Sepp Falter) von Regen im Bayerischen Wald fährt gleich zwölfspännig aus, wenn es darum geht, das Pichelsteiner-Fest oder das Münchner Oktoberfest mit einer besonderen Attraktion für Pferdefreunde zu krönen.

Ein harmonisches Gespann aus einheimischer Zucht: der Rottaler Zehnerzug mit braunen Warmblutpferden.

*Beim Poschetsrieder Pferdewettziehen (bei Regen) sind die »Roßnarrn« unter sich. Hier können sie vor großem Publikum bewei-
sen, wie stark ihre Rösser wirklich sind, wobei es natürlich, wie bei Boxkämpfen üblich, unterschiedliche »Gewichtsklassen« gibt.*

So wie es früher war, daran erinnert auf Privatinitiative der Untersimbacher Roßtag (bei Fürstenzell). Dabei wird auch gezeigt, wie die ersten Güter der Industrialisierung dem Bauern bei der Ernte halfen, so wie hier der von Pferden gezogene »Bindemäher«, der das Getreide nicht nur schnitt, sondern auch zu Garben band.

Es müssen keineswegs immer Pferderennen sein, um ein großes Publikum zu begeistern: Im niederbayerischen Rottal sind Ochsenrennen keinesfalls weniger geeignet, für Spaß wie Spannung zu sorgen.

Die Gnadenkapelle von Altötting ist in- wie auswendig voller Votivbilder geschmückt, die auch an die Hilfe Gottes und seiner Heiligen bei Fuhrmannsunglücken erinnern.

Seit der Mitte des 15. Jahrhunderts sind sie bekannt: die »Tüftler, Drechsler und Schindler«. Und daraus erwachsen sind schließlich die Holzbitzler, die mit viel Geschick als wahre Schmuckstücke auch Pferdegespanne in Miniaturausführung nachbildeten.

109

Eigentlich haben Schlittenrennen in Bayern große Tradition, doch so richtig aufgelebt sind sie erst wieder zu Beginn der neunziger Jahre, wie auf unserem Bild in der Nationalparkgemeinde Neuschönau.

Willi Schneider

110

Ein echtes »Gespann« wurden Roß und Fuhrmann vor allem dann, wenn beide bereits »in Rente« gegangen sind, das Pferd das »Gnadenbrot«, sein Herr den kargen Lohn für ein arbeitsreiches Leben in der Tasche hatte und sich aber dennoch ein Zubrot verdiente, wie auf unserem Bild beim Bretterfahren.

Bergland, Schneeland, Bayernland. Und am romantischsten können dies Feriengäste wie Einheimische bei einer Schlittenfahrt durch verschneite Wälder erinnerungsreich erleben.

Benutzte Literatur:

Egon M. Binder
Raimund Karl
100 Besonderheiten aus dem Bayerischen Wald
Morsak-Verlag, Grafenau, 1988

Helmut Bitsch, Egon M. Binder
Bauern, Häusler, Ökowirte
Die bäuerliche Kulturlandschaft Ostbayerns,
Neue Presse Verlags-GmbH, Passau, Mittelbayerische
Druckerei- und Verlags-GmbH, Regensburg, 1992

Elisabeth von Cramer-Klett
Alte Bauernregeln
Wilhelm Heyne Verlag, München, 1982

Hans Falkenberg
Helmut Krajicek
Bäuerliches Leben auf alten Ansichtskarten
Ausstellungskatalog des Bezirks Oberbayern an
der Gentleiten, Grossweil bei Murnau, 1981

Josef Hofbauer
Ostbayern
Vom Leben und Brauchtum
Verlag Friedrich Pustet, Regensburg, 1980

Franz M. Huber
Unsere Tiere im alten Bayern
Die Geschichte der Nutztiere
WLV, W. Ludwig Verlag, Pfaffenhofen, 1988

Hans Roth
Marterlsprüch
Süddeutscher Verlag, München, 1973

Franz Stelzenberger
Roß und Rottal
Neue Presse Verlags-GmbH, Passau, 1968

Die Landwirtschaft in Bayern,
Verlag R. Oldenbourg, München 1890
Denkschrift nach amtlichen Quellen bearbeitet

Den Ostbayerischen Grenzmarken entnommen
ist der Beitrag »Zurufe an das Zugvieh« vom
Autoren Johann Baptist Sigl aus München,
* 1839 † 1902. Sigl, Journalist und Politiker, schrieb
nach seinem Studium der Jurisprudenz, Theologie und
Philosophie u. a. für die »Landshuter Zeitung«, das
»Straubinger Tagblatt« und die »Kreuzzeitung« in Berlin.
1869 gründete er die Zeitschrift »Bayerisches Vaterland«

Das Museumsdorf Bayerischer Wald zeigt historische Bauformen des Bayerischen Waldes aus der Zeit vom 17. bis 19. Jahrhundert: über 50 bäuerliche Anwesen mit landwirtschaftlichen Nebengebäuden, Sägewerke, Schmieden, Mühlen, Dorf- und Wegekapellen und die älteste Volksschule Deutschlands.

Ein reichhaltiger Sammelbestand (ca. 38 000 Einzelstücke) an Zeugnissen der Volksfrömmigkeit, an bäuerlichem Hausrat und Möbeln, Trachten, Kleidung und Wäsche, an landwirtschaftlichem Gerät und Werkzeug zu ca. 40 Handwerksberufen gewährt Einblick in die vergangene bäuerlich-handwerkliche Kultur des Bayerischen Waldes.

Muſei

dorf Bayerischer Wald

Museumsdorf

Tittling a

Der Zeit entrückt zu sein, wo gelingt dies noch? Ganz gewiß inmitten des Dreiburgenlandes, im Museumsdorf Bayerischer Wald am Dreiburgensee. Hier geht's per pedes zurück in die Vergangenheit, vorbei am Napoleonbrunnen zu gleich 48 Bauernhöfen mit Ställen und schindel- wie strohgedeckten Scheunen, Inhäusln,

Getreidekästen und der ältesten Dorfschule von ganz Deutschland vorbei, an Dorfkapellen und Pestsäulen, Forst- und Krämerhäusern. Den volkskundlich interessierten Gast erwarten zahlreiche Stuben und Kammern, eingerichtet mit bäuerlichem Mobiliar und Hausrat, Stallungen und Scheunen mit vielfältigen landwirtschaftlichen Geräten.

Doch dieses größte Freilichtmuseum Deutschlands ist keineswegs ein totes Museum. Denn wer nicht nur eine ruhige Kugel schieben will, der kann hier einen „Kranz" auf einer alten

Dorfkegelbahn „schieben", wo noch Kegelbuben alle Neune aufstellen, und sich anschließend im „Mühlhiasl"-Gasthof eine Maß Bier „überlegen". Hier klappern noch Mühlenräder, gackern Hühner und schwimmen Enten auf dem Dorfweiher, schlägt ein Pfau stolz sein buntschillerndes Rad.

Seit dem Jahre 1972 haben hier gut ein Dutzend auf die alten Handwerkskünste spezialisierte Arbeiter Hand angelegt, um die letzten architektonischen „Groß- und Urgroßväter" der vergangenen vier Jahrhunderte vor dem Zahn der

erischer Wald

Zeit und der Achtlosigkeit der Nachkriegszeit zu retten. Das haben sie unter volkskundlicher Anleitung mit größtem Fleiß und wissenschaftlicher Akribie geschafft. Sie haben ein Dorf gebaut, wie es sonst kein vergleichbares in ganz Deutschland gibt. Dort, wo einst aus Holz geschnitzte Nägel handgeschlagene Balken zu einem Waldlerhaus zusammenhielten, schlugen auch sie wieder Holznägel ein. Wenn auch die Waldler mit ihrer angeborenen Selbstbescheidenheit heute noch sagen, daß ihre Kultur nicht so weit wäre wie etwa in den großen Städten,

so muß zum Beispiel die in der Rothaumühle zur Schau gestellte Sammlung sakraler Kunstgegenstände und farbenprächtiger Hinterglasbilder ihr Licht keineswegs unter den Scheffel stellen. Selbst prominente Gäste wie Bundeskanzler Dr. Helmut Kohl, der ehemalige Bundespräsident Dr. Karl Carstens und Neil Armstrong, der erste Mensch, der den Mond betreten hat, zeigten sich von diesem Spaziergang zurück in die dörfliche Vergangenheit zwischen Donau und Wald begeistert. Hereinspaziert also im Bauernjahr 1994 ins Mu-

seumsdorf Bayerischer Wald am Dreiburgensee. Kinder bis zu zehn Jahren sind in Begleitung ihrer Eltern kostenlos dazu eingeladen. Öffnungszeiten täglich ab 25. März bis 31. Oktober von 9 bis 17 Uhr, Gasthof Mühlhiasl (kein Eintritt) von Montag bis Donnerstag von 9 bis 17 Uhr, von Freitag bis Sonntag von 9 bis 23 Uhr – und dazu wird auch musikalisch aufgespielt.

Willi Schneider -
unser Kutscher